我和语文共生长

冯　霞◎著

江苏凤凰科学技术出版社 · 南京

图书在版编目(CIP)数据

我和语文共生长/冯霞著.—南京:江苏凤凰科学技术出版社,2021.10

ISBN 978-7-5713-2436-0

Ⅰ.①我… Ⅱ.①冯… Ⅲ.①中学语文课—教学研究 Ⅳ.①G633.302

中国版本图书馆CIP数据核字(2021)第198838号

我和语文共生长

著　　者	冯　霞
责任编辑	吴梦琪
责任校对	仲　敏
责任监制	周雅婷
出版发行	江苏凤凰科学技术出版社
出版社地址	南京市湖南路1号A座,邮编:210009
出版社网址	http://www.pspress.cn
印　　刷	溧阳市金宇包装印刷有限公司
开　　本	787 mm×1 092 mm　1/16
印　　张	14.25
字　　数	228 000
版　　次	2021年10月第1版
印　　次	2021年10月第1次印刷
标准书号	ISBN 978-7-5713-2436-0
定　　价	55.00元

为成行至

——《我和语文共生长》读后

冯霞请我给她的新书《我和语文共生长》写几句，我没有迟疑。

冯霞是苏州市初中语文名师发展共同体成员之一。2009 年第二学期，她还在太仓市实验中学任教。在傅嘉德老师的组织下，我和苏州各市区的教研员各自带着自己辖区的语文老师代表，第一次听冯霞上课，她执教的是课文《安恩和奶牛》。与我同行的三位张家港的语文老师，对冯老师设计巧妙的教学环节和自然流畅的教学语言印象非常深刻。2011 年，她作为苏州市学科带头人在相城实验中学上考评展示课《绿》，我有幸成为她课堂的点评专家。我为她严谨认真的教学态度、不断提高的课堂教学水平而感到欣慰。2018 年第二学期，冯霞作为苏州市姑苏教育青年拔尖人才，正式成为苏州市初中语文名师发展共同体的一员。对于冯霞的加入，作为领衔人，我用晏婴“为者常成，行者常至”的名言肯定和鼓励她。

可以说，我是看着冯霞老师成长的。自从她加入了苏州市初中语文名师发展共同体之后，在共同体各位专家和名师的引领和影响下，实践，反思，再实践，再反思，坚持行走在“教学实践、课题突破、理性总结”的路上，冯霞老师逐渐形成了“课堂教学情感化、作文教学生活化、名著阅读生长化”的教学主张。近年来，她先后在太仓、张家港、贵州玉屏等地执教公开课、观摩课；先后在《中学语文教学》《语文建设》《江苏教育》等期刊发表文章10余篇，另有3篇发表在中文核心期刊上。

本书的出版是她教学教研成果的汇编，更是她成长的又一见证。新书的命名我很喜欢。因为语文，正是冯霞和其他语文老师成长的最大秘密之一。

因为语文，冯霞这位副校长，即使行政上有许多工作，再苦再累，她也依旧坚持教语文。越是这样，她对语文的热爱越深，对语文教学越执着。她一直默默地为她心中的语文人的梦想奋斗着。近年来，随着新课标和新教材到来的语文教育新时代，她越发感到建设语文学习新生态的迫切与重要。读完她的专著，我想到《诗经·蒹葭》中的一句话，“溯洄从之，道阻且长”；又想到了《论语·泰伯章》中曾子说的一句话，“士不可以不弘毅，任重而道远”。虽年岁渐长，但她依然“行而不辍”，何等的执着和坚持，又是何等的负责任与有担当。

《我和语文共生长》一书，从“行”和“思”两方面记录了她28年来在语文教学中的实践与思考，给我的阅读体会是：实在、实用。实在，是因所有文字都是冯老师一节课一节课、一篇文章一篇文章积累出来的。实用，是她的教学设计对年轻语文老师都会有启发和帮助。

感动于冯霞对语文的热爱，感动于她对梦想的追求，感动于她对信念的执着，更感动于她对语文教育的担当，我愿意成为她新书的第一个读者，且留下粗浅的读书感言。

“道阻且长，行则将至；行而不辍，未来可期”，我想把这句话送给一直努力的冯霞老师，也想送给更多热爱语文的老师们。

蔡　明
2021年6月
（苏派教育研究中心研究员、江苏省特级教师）

前 言

我和语文的不解之缘

我的教学之路很平坦，也很平凡，1993年大学毕业至今，我在语文教学的长路上已走过了28个春秋。在这28年里我把理想与追求深深地根植在三尺讲台，用激情叙写一段我和语文的不解之缘。

二十 钟情

二十二岁，怀揣着对文学特殊的热爱，带着几分稚气，我成为一名光荣的语文教师。初上讲台，孩子们明亮的眼睛和天真的笑容深深地印在了我的心底，那份纯真、澄澈由衷地打动了我。那一刻，我和三尺讲台一见钟情，因为我知道，站在那里，我是美丽的。

初为人师的兴奋之后是清水般的平淡，初登讲台的神圣之后是小草般的平凡。做一名老师光凭热爱是不行的，必须具备精深的专业知识和广博的人文知识。于是，我从学科入手，在勤奋自励中自我修炼，充实提高：感谢庄子，让我懂得陶醉自然，坚守自己的心空；感谢易安，让我倾情于千回百转的婉约宋词；感谢李白，让我领略气贯长虹的豪放唐诗。我和杜威、陶行知对话，感受生活教育，沐浴民主春风；我同卢梭、苏霍姆林斯基谈心，学习他们的经验。就这样，在人生美好的岁月里，我把阅读融进讲台上的春夏秋冬；就这样，在教学相长中，我愈发钟情于我的教学事业。

三十　激情

三十还差一年，经过三轮考试，我如愿以偿地进入太仓市实验中学。俗话说三十而立，在这以后的十年中，我对语文教育的激情前所未有地喷发出来，这种力量来源于实验中学的教学氛围。进入这所名师汇集的学校，我不禁问自己：我的蕴积丰厚吗？我的教育是引领孩子在进行精神的享受吗？我和孩子在课上能有心灵交融的火花吗？没有！虽然多年的阅读使我的文学素养有了一定的积淀，但是光有理论，只能是一个纸上谈兵的空想家。于是，我向本市的教学能手学习，观摩他们的公开课，写教学反思，向杂志投稿，一步步将视野扩展至苏州市，乃至江苏省。我甚至买了许多名师的课堂实录，在家里研究，从程红兵到窦桂梅再到李镇西，我在实践中聆听智者的声音，我渴望用我的努力触动我在语文教育上的灵光。我不放弃每次比赛、每次培训，感谢我的学校对我的培养，使我从太仓市评优课到苏州市评优课再到省级评优课。在实践中我积累经验，在模仿借鉴中我不断提升自己的业务能力，我用汗水和智慧换来一年年的松海麦浪：2000年太仓市初中语文评优课一等奖、2006年苏州市语文评优课一等奖、2006年江苏省语文评优课二等奖、2007年太仓市语文学科带头人，2007年我被破格评为中学语文高级教师。2009年苏州市各区语文教研员汇集实验中学，我现场作公开课《安恩和奶牛》的汇报。

三十而立的那段历程，我的生命因激情绽放美丽！

四十　深情

年过四十，有了岁月的积淀，我对语文的热爱愈发深沉，但我知道我还需要提升自己，当然提升是需要付出努力的。我不能只成为一名教书匠，我要形成自己独特的风格。继续攻读学位成了我的选择。

我以优异的成绩考上苏州大学，攻读教育硕士。三年的学习虽清苦孤独，但我坚守我的信念、执着我的追求，因为有语文伴我身边，因为有大师和我交流，因为我的教学理念在提升，我的教学行为在改变，一篇篇论文验证了我和语文的款款深情。其间，我获得了“师陶杯”二等奖、省一等奖，发表过省级论文、核心期刊论文。我的学生张双的作文获省现场作文一等奖，徐宗瑜获全国一等奖。

本书辑录了我从教28年来的部分上课教案和研究论文，因此内容既包含原苏教版的课文，也包含统编教材的课文，题材不一，体裁不同。成书分为两个部分：语文教学之思，语文教学之行。思是反思，行是实践。从这些文章和教案中回望自己的教学之路，感慨万千：一名语文人就是在思和行中不断成长起来的。

学，然后知不足；教，然后知困。再过两年，我就到知天命之年，尽管岁月沧桑，我和语文的不解之缘未完待续。

冯　霞

2021年4月

目　录

上　篇

语文教学之思

小说名著类

作文类

古诗文类

上篇

/

语文教学之思

/

散文教学

现代散文作品朗读教学中朗读方式的分级策略

在现今的散文教学中，尤其是在初中阶段，学生的朗读习惯已呈弱化的趋势，或者说，他们越来越不习惯去朗读课文了。而我们要知道，朗读，特别是有感情地朗读，是一种融入课文的有效方式。这种方式不能也不应该被丢弃。那么，对课文的作者及写作背景有大致的了解后，怎样才能使朗读成为融入课文的有效方式呢?

我认为必须凭借散文自身的文体特征和学生不同的朗读、感受、品味的能力，分层训练，让学生在朗读中反复品读，感受特征。现将本人在实践中的做法写出来与大家一起商榷，以便共同进步。

初一年级重在“读—悟”

“读”是手段，“悟”是目的。反复吟诵一篇佳作，从而体悟其精妙，可以说是一种快捷的鉴赏方法。正如古人所言:“书读百遍，其义自见。”

我们阅读现代散文，尤其要重视诵读，即字正腔圆、抑扬顿挫地“念”，“念”出思想，“念”出感情，“念”出形象，“念”出文采。当然，诵读是有讲究的，为了深入领会作品，我们可以采用“定向诵读”的方法。

读以悟境。鉴赏者带着问题轻声读作品，可凭借文章，通过联想、想象，使文中的语言文字变成鲜活的画面。这样，学生在“话—画互变”的心理转换中自然地加强了语言、情境的感受，为语言理解奠定了基础。

默读以悟意。“默读静思考，潜心会本文。”默默地边读边想可以更好地理解语言文字的内涵。

读以悟法。在理解内容、领悟语言内涵后，教师指导学生在语言形式与语言内涵的探究上，加强对语言思想的理解和语言情感的体会，从中深刻领悟语言规律，形成理解和运用语言的能力。

朗读以悟情。在领会语言内涵、领悟语言技巧的基础上，借助朗读再现语言文字所描述的形象，显示语言文字所具有的内涵，传达语言文字所表达的情意，使语言的形象美、情感美、技巧美借助朗读时语气的选择、语速的变更、语调的起伏、语音的高低等充分展示出来，从而体会到语言美。譬如鉴赏《散步》这篇充满诗情画意的写景散文，可以先通过轻读，想象一幅家庭风景画，图画中贮满生活的欢乐和纯真的童心。再通过默读，从画面中看故事，领悟儿子的天真活泼和老人的慈祥。继而通过品读，了解作者用了三个镜头来表现散步过程的变化，把故事点染出来，多处运用拟人、比喻的修辞手法，使语言生动、形象、贴切。这样学生通过朗读，就能够体会到尊老爱幼的和谐的家庭氛围。

初二年级重在“读—比—说”

初二学生的阅读能力有了一定发展，阅读语言含蓄深刻的现代散文，教师可以根据其具体内容，从不同角度拟若干个话题或可比点，并带着这些话题或可比点去指导学生认真阅读分析，然后围绕某个话题或可比点说一说自己的理解，语言有主旨、有条理，则可达到透彻理解作品的目的。

运用这一方法赏读《提醒幸福》，我们可以拟如下话题：“提醒灾祸”“提醒幸福”“‘提醒’的困惑”“《提醒幸福》比喻多”“排比句和排比段给《提醒幸福》添彩”等。“说”时既要尽可能引用课文中的语言材料，又要力求有自己的发现和创造。

运用这一方法鉴赏《敬畏生命》与《热爱生命》这两篇短文，我们可从主旨、内容、思路、表达方式和语言运用等角度拟好可比点，比较其异同，以进一步走进作者的心灵世界，加深对课文的理解。同是谈生命问题，《敬畏生命》综合运用叙述、描写、抒情等多种表达方式来赞美“生命”的执着和顽强；《热爱生命》则以议论为主，阐述作者对“生命”问题的看法。前者侧重抒情，后者侧重说理。从行文思路看，《敬畏生命》围绕中心事件（湖边有几棵树不停地飘散白色纤维），按照时间推移（一个夏天的下午、好几个小时过去了、整个下午、整个晚上、第二天、那几天），渐次写出作者的感情变化（没有十分注意、简直令人吃惊、诧异和震撼、满心折服、敬畏、感动），表达作者的感受（“我”几乎是第一次遇见生命，“我”不能不被生命豪华的、奢侈的、不计成本的投资所感动）。《热爱生命》首先写对待生命的两种不同的态度（“哲人”无视生命的存在，“我”觉得生命值得称颂，富有乐趣），然后揭示生命的本质（生之本质在于死），表达“我”对生命的热爱（剩下的生命愈是短暂，“我”愈要使之过得丰盈充实）。

初三年级重在“读—赏—感—品—析”

阅读写景抒情的散文，可以采用读美文、赏美景、感美情、品美句、析美词的方法，从整体到局部，由浅入深地鉴赏作品，领会其中的美妙之处。

其中，“读美文”，要求用恰当的美的语调，语气流畅地朗读课文；“赏美景”，要求充分发挥想象，将抽象的写景文字变为生动的景物画面；“感美情”，就是仔细揣摩字里行间流露出的作者的思想感情等；“品美句”“析美词”，就是品味精美语句和词语的含义及表达效果。

这五步依作品的具体情况有所侧重，但每一步均应力求有所得，有自己的发现和创造。譬如鉴赏《紫藤萝瀑布》的第二段，美读之后，口述头脑中出现的画面：一片辉煌的淡紫色的藤萝花，瀑布似的从空中垂下，那紫色深深浅浅的……泛着点点银光……这是一个生机勃勃的花的世界，能给人以宁静和愉悦的感受。文中“仿佛在流动，在欢笑，在不停地生长”一句，运用拟人、排比的修辞手法，突出了藤萝花的勃勃生机；“在和阳光互相挑逗”的“挑逗”一词，生动地表现了“泛着点点银光”的藤萝花在阳光下闪闪烁烁的美好姿态。

鲁迅先生说：“诵习一字，当识形音义三：口诵耳闻其音，目察其形，心通其义，三识并用，一字之功乃全。”然后“自文字到文章”“遂具三美：意美以感心，一也；音美以感耳，二也；形美以感目，三也”。“三识”“三美”既是语感的基本训练，又是美感的经验积累。一篇精美散文佳作，不宜把它嚼得支离破碎，而应在教师指导下反复咏诵。吟诵是心、眼、口、耳并用的一种学习方法，是根据对文章的感觉和理解，交错使用高低、强弱、缓急的语调，“激昂处还他个激昂，委婉处还他个委婉”（叶圣陶），把文章中的神情理趣，在声调里曲曲折折传达出来，使耳与心谋，在反复吟诵中凭借联想、想象、揣摩，触发迁移，再现再创造，提高对语言审美的感受能力。现代美学家朱光潜则用心理学、生理学原理对该现象作出解释：“朗读也是一种模仿。它模仿的是作者喉舌筋肉活动技巧。久而久之，作者的

神气音节就在读者的喉舌筋肉上留下痕迹。”(《文艺心理学》)

可见朗读对理解课文具有相当重要的作用，而且已逐渐为外国教学所借鉴。当今美国的阅读教学把听课文的示范朗读作为提高学生阅读理解能力的重要手段，使学生理解作品的内容、情感以及字词的含义。而在现代散文教学中，朗读教学法则更具有其他教学方法所无可比拟的作用。

感知温暖世界里的疼痛

《呼兰河传》是萧红写的一部长篇小说，于 1940 年发表。在这部小说里，萧红以童年生活为线索，写出了她对故乡、对大自然的热爱：自由自在、成双成对、美好多情。在大自然里，她自在、欢愉、物我两忘。

然而细读课文，我们发现《呼兰河传》并不是一首关于故乡的赞美诗，萧红面对故乡的态度是有意味的，这个多情而敏感的女人有她自己的理性。在这部作品中，萧红在书写眷恋和怀念时，把女童的纯美梦想和濒临死亡时的彻悟完整地在作品中呈现出来。

如何让学生感知到萧红温暖的内心世界里的疼痛，这是教学这篇文章的重点。对九年级的学生而言，在两节课的时间里走进萧红单纯明净而又复杂多义的情感世界，除了不能脱离萧红的生活时代、情感经历以及当时的写作背景，主问题的设计也是不容忽视的一个环节。

何谓主问题？即在教学中能带动整篇文章的阅读的一两个关键问题。在语文课堂教学实践中，主问题设计的重要性已经得到了广泛认可，但在设计的目的性和有效性上存在着问题，不是问题大而空，就是过难或过易，高估或者低估了学生的认知水平。接下来以《呼兰河传》为例，从目标导向、层级推进、情感驱动三方面谈谈我对如何进行主问题设计的策略研究。

1. 目标导向深入，问题设计浅出

《呼兰河传》是萧红的代表作，写这部小说时，她已经是一位很成熟的作家了。萧红一生漂泊，历经沧桑，独居异乡。在颠沛流离，在饱受战争苦难、情感、疾病的折磨中，她要去寻找精神的归宿。萧红这样一位女性，她的小说，几乎不提自己身上的不幸，她绝不通过舔吮自己的伤口来感动他人，更不会将自己的不快和疼痛放大咀嚼。她沉入了童年的记忆，她想到了故乡，想到了亲人，想到了童年。“呼兰河这小城里住着我的祖父”，小说第三章起笔即是天真，起笔即是深情，怀念的文章写得如此生动、跳跃、灵性、别具一格，仿佛童年往事并没有随时间一起溜走，它们在萧红的记忆里贮存着，发酵着。这句话渲染了萧红的深切想念，这想念如空气般浸于文字的肌理，深深触动我们的思考：呼兰河那么大，为什么就住着“我”的祖父？这样主问题就顺势提出。著名评论家谢茂松也曾说：“这句话包含了作品所有的秘密：主题、调子、结构，还有更多无法说清的内容，整部作品只是这一句话的扩展。”可见主问题是在教师对文本熟练掌握的基础上设计的，目标要直接指向知识、能力、情感价值观三维。主问题诞生后，要围绕三维目标从整体引发学生思索、讨论、理解。

2. 层级推进有序，问题分解优化

课堂是语文教学的主阵地，教师要在这一阵地上实现教学的有效性，就要在每堂课的教学中确立教学的核心问题，不能眉毛胡子一把抓，也不能东一榔头西一棒槌，看似面面俱到，实际上是浅尝辄止。因此在《呼兰河传》教学的第一环节中，提出了主问题“呼兰河那么大，为什么就住着‘我’的祖父”之后，根据学生的认知能力，以学

定教，由浅入深，由感性到理性地分解主问题：①“我”和祖父住在哪里？②在那里“我们”的生活是怎样的？③你从哪里读出的？这些问题承接了主问题，内容的设计上看似简单，实际注意了层级性和梯度性。第一问和第二问很简单，“我”和祖父住在呼兰河小城的后花园，生活得自由自在、快乐无比。第三问要结合课文内容，在文段里找出相应的句子，学生如果细读文章，不难找出：“我”在后花园摘花、拔草、溜平土窝、割韭菜、丢黄瓜、洒水、追蜻蜓等。如果找关键的词语，学生的目光会集中在祖父的三次“笑”上，和“我”的一个“抛”上，简单的两个动作，传神写出了“我”的自由、快乐、满足。这也难怪，萧红从小在祖父的后花园里长大，大自然是她的朋友和亲人，是她书写的主角，祖父是她的世界，她用描写自然的方式描写人类情感。我们似乎能看到一个女孩子在园子里奔跑，看着天上的白云悠悠地飘，听着地上的鸟儿快乐地唱，呼兰河的天地多么美好！

3. 情感驱动适度，问题延伸适当

学生在学习的过程中，由于知识、能力、经验的不同在回答问题时也表现出差异性，特别是由于语文学科在人文性和知识性的感知之外，还有很大一片活生生的情感体验空间。在这片天地里，学生的感悟会有所不同。因此，教师在主问题的延伸上要把握好量和度。

在对主问题进行优化分解之后，教师和学生从萧红的眼睛里读出了内心的荒凉和寂寞，也明白了《呼兰河传》是一部复杂的作品，它纵横交错着眷恋和热爱，掺杂着悲悯和疼痛。为了让学生更深刻地体会萧红的复杂内心，教师可以把主问题适当地延伸：萧红笔下的世界是那么自由、美好，你从哪些角度读出的？她为什么要大肆地渲染自己童年的自由？这样教师就开放了学生的思维，驱动学生

的情感体验。

> 花开了，就像花睡醒了似的。鸟飞了，就像鸟上天了似的。虫子叫了，就像虫子在说话似的。一切都活了，都是自由的：要做什么，就做什么；要怎么样，就怎么样。倭瓜愿意爬上架就爬上架，愿意爬上房就爬上房。黄瓜愿意开一朵谎花，就开一朵谎花，愿意结一个黄瓜，就结一个黄瓜。若都不愿意，就是一个黄瓜也不结，一朵花也不开，也没有人问它。玉米愿意长多高就长多高，它若愿意长上天去，也没有人管。蝴蝶随意地飞，一会从墙头上飞来一对黄蝴蝶，一会又从墙头上飞走了一个白蝴蝶。它们是从谁家来的，又飞到谁家去？太阳也不知道。

这一段话句式上长短交错，以短句为主，语言朴素，不加修饰，语气轻松，一气呵成，形象而有力地表现了一切都在自由生长的景象，恰到好处地表达了作者的情感。萧红为什么不惜笔墨写自由？因为她此刻缺少自由和温暖。故乡在日本铁蹄下呻吟，自己亡命香港，病魔缠身，写《呼兰河传》回忆故乡，回忆祖父，回忆童年，成了她的精神寄托。

适度地驱动，适当地延伸，让我们超越出了祖父、后花园、呼兰河，触摸到了萧红作品中的情感高度，顺利地完成了对文本的解读。

当然这堂课在问题的设计上，还让我产生了一些思考：

第一，如何恰到好处地找到“牵一发而动全身”的主问题？这需要教师深入思考，钻研文本。

第二，如何努力培养和激发学生的问题意识？这需要教师以学定教，了解学生。

当然，主问题设计的有效性需要我们不断地在实践中研究、改进。

在朗读中让学生走进作品

“形散而神不散”是散文的最大特征。苏联作家巴乌斯托夫斯基说:“真正的散文是充满诗意的，就像苹果饱含果汁一样。”(《散文的诗意》)散文意蕴无穷，如何品尝散文中的“果汁”，解读散文中的“形”与“神”，在教学中怎样向学生传授，老师们常常会感到棘手。

我认为学习一篇散文作品，教师首先应当教会学生在朗读中欣赏。这是教师指导学生进行现代散文作品朗读教学的前提。

1. 结合文体，在朗读中弄清分类

散文是与诗歌、小说、戏剧并列的一种文学体裁。只有准确判断文体，才能明确目标、减少失误。怎样区分散文与一般记叙文?一般记叙文的选材比较集中、单一，所跨的时间范围不会太大，空间也不会太广，内容相对集中明确。

散文的特点“形散神不散”，决定了散文这一体裁有别于其他体裁的文章。“形散”体现在选材自由、结构灵活。选材自由，是指凡作者所见所闻所思的人、事、物，无论天南海北、古今中外，均可自由选择。一篇散文的选材，不受空间或时间的限制，表达方式多种多样。结构灵活，是指散文的结构自由，不拘一格，无固定的写法。“神不散”是指散文的主题明确集中。

虽然散文选材自由，结构灵活，但是它主题明确、集中，有一条线索贯穿全文。散文对材料开掘深，小中见大，含义深刻，联想丰富，感情充沛，同时散文的语言凝练、优美。

根据内容的不同，散文一般分为三类：

（1）叙事性散文——以叙述事件和描写人物为主，兼有抒情成分，如《背影》《藤野先生》《我的老师》。阅读时侧重借助事物的叙述或有关人物的描写，把握人物的思想性格，从而理解人物性格形成的原因，准确把握事件的意义和影响。

（2）抒情性散文——以写景状物、抒发作者思想感情为主，如《春》《济南的冬天》《荔枝蜜》《白杨礼赞》。阅读时侧重分析作者在景物描写中蕴涵着的思想感情。抒情性散文，或通过借景生情、寓情于景，或通过托物言志，来表达中心思想。

（3）议论性散文——着重抓住一两个典型事物阐明道理，如《提醒幸福》《热爱生活》《秋魂》。阅读时侧重借助事物、事理来阐释人生哲理，指导人生。

2. 寻找“线索”，在朗读中把握结构

选入初中课本的散文，都是文质兼优的美文。一般来说，不管是叙事散文，还是抒情散文，作者在构思文章时都会遵循一定的章法去布局，其结构也是有规律可循的。正如叶圣陶所说：“思想是有一条路的，一句一句，一段一段都是有路的，这条路，好文章的作者是决不乱走的。”“作者思有路”，教学中教师就应引导学生在朗读训练中“识路”“遵路”。作者行文的思路往往是思维发展的线索。线索，是指把文章的全部材料贯穿成一个有机整体的脉络。文章的线索可以是某个事物，可以是中心事件，可以是作者的感情、人物的某种精神，也可以是某句话、某种行动。线索在语言上往往是有标志的。有时用

某个词语从头到尾反复出现的方法显示；有时文章的题目就包含着线索的因素，像《背影》就是以背影这一线索来表现父子间相爱相怜的情感，《我的老师》就是以“我”对老师的依恋、思念为线索，《春》就是以对春天的赞美喜爱之情为线索。线索像串联珍珠的丝线般贯穿在字里行间。找出文中线索是感悟文章结构的切入点，顺着文章的线索能够水到渠成地理清文章结构。例如，阅读《台阶》一文可引导学生这样感悟结构：①朗读全文，找出文中描写台阶的相关语句，说说文中的线索是什么。②作者围绕“台阶”写了哪些事？③“我们家的台阶低”在文中有什么作用？④作者是怎样通过“台阶”把事一件一件地连缀起来的？通过层层思考，学生自然就会感悟到：本文围绕“台阶”命题立意，组织材料，突出了父亲对社会地位的追求，突出了父亲希望受人尊重的思想性格。台阶既是贯穿全文的线索，也是表情达意的依托。线索判断明确，文章结构的判断就越显分明：①父亲为什么要造一栋高台阶的新屋？②父亲是怎样造起一栋有高台阶的新屋的？③新屋造好了，父亲怎么样了？

3. 赏析内容，在朗读中理解思路

一篇现代散文，往往围绕一个中心来展开叙述、描写、抒情，抑或说明与议论。因此，理解作品思想内容常常是理解作品思路的重要方式和手段。教师指导学生在朗读中应侧重以下三点：

（1）朗读中学会分析事件，从而把握作品的思想内容。《散步》是一篇不可多得的千字美文。这篇散文选取的素材是看似寻常的一次家庭散步，却于不经意间道出了中年人在生命延续过程中所起的重要作用，涉及尊老爱幼这一亘古常新的伦理问题，还有如何享受家庭亲情等。如果用常规思路教学，学生能感受到的恐怕是显而易见的尊老

爱幼之情，而文章丰富深刻的内涵未必能引起学生的共鸣。今年第二次执教这篇课文，我采用了以读来分析事件从而把握作品的思想内容的教学方式，让老师、学生、家长一道经历了一次灵魂的洗礼。

首先，我让学生用优雅而抒情的语调齐读全文，然后提了两个简单的问题："用一句话概括全文主要内容""给这个家庭以及家庭中的四个成员分别加一个修饰语"。在整体感知的基础上，我又提了一个开放性的问题："找出文中最打动你心弦的地方，并简要阐述你的心理感受。"由于个体阅读的差异，学生们几乎把文中感人的地方都找到了，我顺势引导他们进行了语言品析朗读训练。在探究过程中，许多同学都提到了文章的最后一句："但我和妻子都是慢慢地，稳稳地，走得很仔细，好像我背上的同她背上的加起来，就是整个世界。"虽然学生们都知道这句话含韵悠长，但并不能透彻地理解其含义。我首先通过形象的板书（老人在上，中年人居中，小孩在下）告诉他们这里包括了三代人的传承关系，然后我问：中年人能做到上背老、下背小凭借的是什么？这时学生明白了：他们凭借的是强烈的责任感。我又问学生：这三代人都跟责任有什么关联呢？通过讨论和老师的引导，我让他们明白：老年人已经承担过责任，中年人正在承担责任，小孩子将来也要承担责任，只有责任感代代相传，"世界"才会被扛起来！中年人（"我"和妻子）的举动，不仅仅是一种责任的承接，还隐含着为下一代做示范的作用。

在上一个环节中，学生已经充分感知到了洋溢于这个四口之家的浓浓亲情，我便要求学生用一个词概括浓浓亲情的奥秘。他们很快就总结出：尊老爱幼。我紧接着问：比较而言，"尊老"和"爱幼"两种行为哪一个更为可贵？这个问题一下子又将学生的思维激活了。有说"爱幼"更可贵的，有说"尊老"更可贵的，也有说二者都可贵的。我没有马上作出评价，而是用幻灯片打出了两段话。第一段是：老人和儿童属于社会中的弱势群体，他们的生活状态，最能真实地反映一个社会（国家）的文明程度。第二段是：哺育子女是动物也有的本能，赡养父母才是人类的文明之举。（培根）简要诠释了这两段话的含义之后，我作了一个小结："尊老"和"爱幼"都可贵，这既是一个人也是一个国家文明的标志，但我更赞成培根的话，"尊老"更可贵，因为这是人类特有的高尚情感，更是我们中华民族代代相传的美德——"孝"的集中体现。"孝"是一个会意字，上面一个"老"字，下面一个"子"字，古人解释"孝"为"善事父母者"。这次《散步》的教学活动，让我和学生在朗读这篇美文的同时，遭遇了一次心灵的震撼。学生在散文的学习中以读来分析事件，从而把握作品的思想内容，这是散文学习的一种有效方法。

（2）在朗读中分析人物，从而把握作品的精神意蕴。现代散文叙事离不开人物，一定的事件总需要通过一定人物的语言行动去表现。现代散文有的主要写一个人物，如《藤野先生》；有的写几个人物，如《从百草园到三味书屋》。这里我们所讲的整体朗读思路，就是在朗读中从整体上去把握现代散文中的人物精神品质，通过读来引出人物的肖像、语言、行为、心理等分析，从而理解人物的性格内涵和精神意蕴。以《一面》为例，作者描写鲁迅的外貌，抓住了头发，揭示出人物的性格特征。鲁迅的头发"约莫一寸长，显然好久没剪了，却一根一根精神抖擞地直竖着"。这里既写了头发的长度，又写出了头发的疏密程度；既写了头发的形，又写了头发的神。"一寸长"是因为好久未剪了，说明鲁迅把所有的时间和整个生命都献给了革命事业，无心修理，无暇及此。"一根一根"头发稀疏，根根清晰，说明鲁迅光明磊落，对敌对友善恶分明。鲁迅人瘦发长，身体健康状况不好但精神状况好，所以“精神抖擞”、斗志旺盛，具有顽强的生命力和战斗力。“直竖着”，不曲不弯、不歪不斜、挺立向上、毫不动摇，说明鲁迅刚正不阿、顽强不屈。看来鲁迅的头发，已经形象地多角度地表现了他刚毅正直、毫不妥协的性格特征。

除了以上人物特征，教学时重点引导学生朗读作者同鲁迅先生见面的部分，可以抓住外貌描写展开教学。课文对鲁迅的外貌描写，由远及近，从粗到细，由整体到局部，紧紧扣住一个字——“瘦”。全文共六次写“瘦”：一次整体写，两次写手，三次写脸。从情节发展上，每到一个转折处，便出现一次对鲁迅先生“瘦”的描写。教学时，引导学生通过反复诵读，激活想象，感悟鲁迅置健康于不顾，把整个生命献给革命事业的崇高品质和顽强意志。抓住关键词句理解句子的含义，如“精神抖擞地直竖着”和“好像浓墨写的隶体‘一’字”，这寥寥几笔，既是鲁迅外貌的特征，又显出了他刚毅坚强的性格。教师指导学生朗读这些语句，体会感悟，从人物的解读中表现了鲁迅热爱劳动人民和关怀进步青年的高尚品格，抒发了对鲁迅先生真挚而又深厚的爱戴之情。

（3）在朗读中分析环境，从而把握作品的主题深度。环境是现代散文内容的重要组成部分。人物的成长离不开他所生长的背景，人物的活动须有一定的场所，性格的形成必定在一定的条件之下。好的环境描写，不仅给人物活动提供场所，更重要的是突出了作品的主题思想，对这些环境描写的语句，教师应当指导学生进行朗读训练。如《从百草园到三味书屋》，作者用了一系列富于表现事物特征的形容词，由低到高，由静到动，由动物到植物，由无声到有声，对百草园内景物的形状、神态、色彩、声音和滋味各方面都作了恰当的点染，绘声绘色地描写了一幅丰富多彩、情趣盎然的百草园图。教师应给予学生时间朗读，让学生在朗读中分析环境，从而把握作品的主题深度：它与枯燥乏味令人窒息的三味书屋形成了鲜明的对比，从而揭示了封建教育制度束缚儿童身心健康这一主题。

我以为，每一个一线语文老师，在文本和作者、作者和读者、教者和学者之间都应该用朗读搭建起高效阅读的桥梁。借助这桥梁，在琅琅书声中，学生的领悟之门就会慢慢打开，从而走进一个感悟理解的世界。

小说名著教学

有层次地设计活动，推进名著阅读

阅读教学应引导学生钻研文本，在主动积极的思维和情感活动中，加深理解和体验，让学生有所感悟和思考，受到情感熏陶，获得思想启迪，享受审美乐趣。名著作为阅读教学的一大板块，也应该设计多样化、多层次的学生活动，借此提升学生思维水平。

1. 追问细节，体验情感

《朝花夕拾》中的 10 篇文章，有 5 篇提到过阿长。鲁迅先生不写母亲，却反复写了阿长，可见长妈妈在鲁迅心中所占的位置。

长妈妈到底是一个怎样的人？为什么会让一个大文豪念念不忘？在给阿长设计身份证的活动中，我故意设置“圈套”，结果学生跳入了我的“陷阱”，直接在姓名一栏填上：阿长。然而细读文本，学生就会发现：阿长是代替了之前的真阿长，至于她的名字，鲁迅未去探问。我再提问：为什么一个无名无姓的底层妇女让鲁迅怀念了三十多年？少年鲁迅和她之间到底发生了怎样的故事？这两个比较，巧妙设疑，从细节上引导学生认真阅读文本，又让学生在情感上贴近作家的原始情感，将教学重心引导到了阿长给鲁迅买《山海经》的情节上。

又如教学《西游记之三调芭蕉扇》，我尝试从细节上入手引导学生进行名著阅读。三调芭蕉扇的故事学生耳熟能详，怎么教好、教到位，这是对教师的考验。在做了大量的备课前提下，我从比较入手，带领学生走进《西游记》又走出《西游记》。

问题设计:“孙行者一调芭蕉扇”,“调”字可否换用其他动词(或写出“调”字的同义词)?这是词语比较,这个比较目的很明显,了解情节,为下面的比较做铺垫。

第二个比较:“铁扇公主”是鬼,是妖,是仙,是女人?

这是人物形象比较,目的是让学生在全面把握人物的基础上,体会作家在铁扇公主身上寄寓的情感。顺着这根比较的线,学生会顺藤摸瓜一步步理清老者、少年男子、樵者、灵吉菩萨乃至玉面狐狸和牛魔王眼里的“她”。每个称呼背后,是不同身份的人对她不同的情感态度。通过这个细节,一个全面的、复杂的铁扇公主形象就出现在学生面前:她武功一般但是身藏宝贝;她不做坏事,一定程度还能造福一方百姓;她敢爱敢恨,但婚姻不幸;她安分守己,靠当地百姓的贡品维持生计。

设计这样的比较活动,目的是让学生在熟悉文本的基础上,走出文本,进一步体会铁扇公主的复杂经历,也和整体故事情节呼应,明白孙悟空为什么一开始借扇时彬彬有礼地称呼她“嫂子”。

所以,在指导学生阅读名著时,教师应指导学生关注作品中的细节,采用比较法,引导学生透过细节思考问题。如《骆驼祥子》中给人印象很深的人物是虎妞。可以追问,一个女孩子为什么有这样一个名字?这是一个泼辣而有心计的女性,生就一副男儿性格,谁得罪了她,她就会骂街。她横冲直撞的语气,撇撇嘴的样子,和祥子说话时半笑半傲的口气,在老舍笔下生动鲜活。她是“母夜叉”“母老虎”,所以这个“虎”形容她真是恰如其分。

再如第二个女子——小福子:圆脸,眉眼长得很匀调,很白而齐整的牙,一个清秀可爱的人物。小福子历经坎坷,先是父亲二强以

200 块钱将她卖给军官，军官被调走后她又回到娘家，母亲被酗酒成性的父亲打死，家里没有经济来源。她看着两个弟弟挨饿被迫走上卖身的道路，以至于含恨自缢。小福子有福吗？答案显然是否定的，读者不由得感叹，无福的小福子，善良又可悲的小福子。在阅读过程中，借助这样的比较，就能充分理解文章中的爱憎情感。

2. 比较情节，理解情理

完成了第一步情感的阅读指导，还要再和学生进行更深层的探究。《西游记》中，孙悟空本是不入流的“妖猴”，却神通广大，连玉帝都不得不认可他。后被如来佛祖压在五行山下，经菩萨点化，成了唐僧的徒弟，保护其去西天取经。他本可以一个筋斗云就来到灵山，却和唐僧经历了重重磨难，历时 16 年才到达。孙悟空的西行之路，也正是他的自我完善、自我成熟之路。而他和唐僧的三次“矛盾”，也可以看成是他三次情感的宣泄。从这三次出走中，我们可以读到他情感的变化。

在指导阅读时，我以“孙悟空的三次出走”为切入点，设计了这样的活动：让学生从文章中梳理出三次出走的原因，采用图表和思维导图归纳，通过三次出走的比较，认清孙悟空心灵转变的过程，对孙悟空的行为有了理性的认识。

不同点	离开原因	到了何处	如何归来	走时状态
第一次	主动离开	东海龙宫	龙王劝说	说走就走
第二次	唐僧赶走	回花果山	八戒义激	再三乞求
第三次	唐僧赶走	南海观音	菩萨送回	走了又回

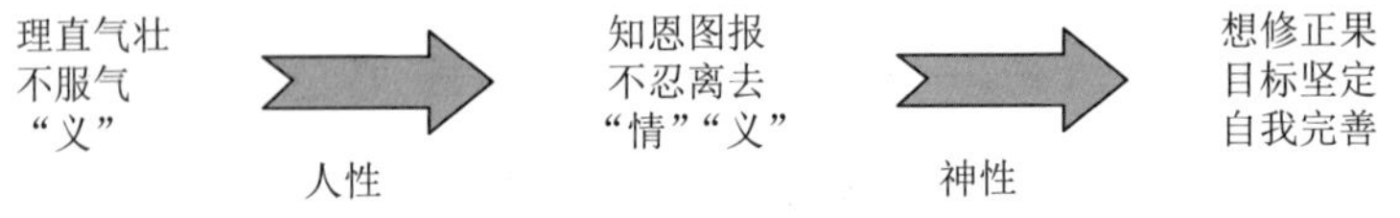

通过对孙悟空三次离开的不同点的寻找，学生基本能看出孙悟空的改变，由之前的主动离开，到唐僧三次驱逐才离开，再到后来的走了又回，可以看出他对唐僧的感情正由“义”向“情”转变。而他本身也从做事鲁莽、比较自我的“妖猴”，向心性沉稳的“斗战胜佛”发展。而这些外在的变，都是源自他内心的转变，也为下一环节深入探究孙悟空的心理做了铺垫。

因此，在由情到理的比较中，学生读懂了作者，思维也在逐层推进。

我还设置了一个活动：分析妖魔鬼怪类型。让学生加深对这些次要人物的印象，借此反观主要人物，思考主要人物的精神世界。

学生带着任务阅读，会发现自己之前的阅读忽略了这些各色的妖怪。通过分类归纳，学生会发现妖怪对唐僧的态度不外乎两类：蒸（煮）着吃和要挟成亲。唐僧被成功解救出来后，妖怪的下场无非是“死”，但只要有天上的人来解救，那就一笔勾销了。其中蕴含的天上人间的关系网，人物性格和命运之间的关系，可以产生许多小的问题，让学生继续讨论。

3. 补充背景，明确情志

在名著阅读指导过程中，要促进学生思维的发展。

如指导阅读《朝花夕拾》中《阿长与〈山海经〉》时，我设置的活动是：搜集鲁迅写此文的背景材料，整理《朝花夕拾》创作背景的相关信息，搜集不同学者对鲁迅散文的评价。结合鲁迅的创作经历，引导学生明白鲁迅的杂文善用犀利的词语抨击揭露黑暗的社会，鲁迅的小说主要是剖析病态社会的病根，如人和人之间的冷漠，人情的凉薄。而他的散文主要是借助回忆中的温情，慰藉自己冰凉的内心，从而汲取继续战斗的勇气和力量。回忆长妈妈的故事，即是作者这种情志的体现。

《西游记》看似写师徒四人历经八十一难，终于取得真经，功德圆满，实际寄寓了作者许多难以言说的感慨。这时需要适当补充作家的背景资料，让学生探究作品的一些深层意蕴。吴承恩出生在一个商人家庭，自幼聪慧，但是平生不得志，晚年以卖文为生。吴承恩生活在明朝弘治十三到万历五年，社会动荡不安，连年灾荒，奸臣当道，吴承恩生长生活的江苏淮安一带，曾出现饥民变乱。官场失意，生活困顿，加深了他对社会现实的认识，促使他以志怪小说的形式来表达内心的不满和愤懑。他曾言："虽然吾书名为志怪，盖不专明鬼，实记人间变异，亦微有鉴戒寓焉。"就如别林斯基所言：任何伟大的人之所以伟大，是因为他的痛苦和幸福深深植根于社会和历史的土壤里，他从而成为社会、时代以及人类的代言人。叶圣陶也曾说过："凡是好的小说和剧本，故事仅是迹象，凭着那迹象，作者发挥他的人生经验或社会批判，那些才是精魂。"吴承恩的创作深深植根于明朝的社会现实，《西游记》展示的光怪陆离的世界，看上去与现实毫无关系，实际上却揭示了人性、神性、动物性的彼此纠缠。因此教师可以设计些小问题，让学生探讨"微有鉴戒寓焉"到底寄寓了怎样的主旨。

在名著阅读中设计多样化的活动，可以促进学生的思维发展。从情感的体验到理性的认知，再到作家创作意图和创作目的的深层探讨，学生循此推进，可以逐层深入地理解和鉴赏名著，并通过探讨某个专题达到了解全书的目的，实现通过阅读某本名著获得掌握同类名著阅读策略的最终目标。

从叙述视角生长性解读文本主题

——以《孔乙己》为例

叙述视角也称叙述聚焦，是指叙述语言中对故事内容进行观察和讲述的特定角度。同样的事件从不同的角度看去就可能呈现出不同的面貌，在不同的人看来也会有不同的意义。阅读经典文章，教师在指导学生时，可以开放性地让学生关注不同的叙事角度，解读文章。初中学段，教师依据《义务教育语文课程标准（2021 年版）》教读优秀丰富的具有中华民族文化内涵的经典，通过教师层级性的阅读指导，让学生以自然、自由、自我、自主的状态进行序列生长阅读、融合生长阅读，可以提升中学生语言构建、审美感受、文化传承的核心素养。这样的阅读指导，是符合中学生年龄阶段、认知规律、心智结构等成长特点的一种递进式阅读。

以《孔乙己》为例。

1. 背景介绍，制订目标

《孔乙己》一文写于 1918 年冬。

虽然封建科举制度于 1906 年就已被废除，但当时，封建教育仍是社会教育的核心内容。1916 年初，教育部通令恢复中小学读经科目。鲁迅先生认为文化教育走什么样的道路是关系到培养出什么样的青少年的大问题，就用《孔乙己》艺术地再现20多年前，封建教育制度衍生出的一个奇葩的贫困知识分子的悲惨遭遇。

鲁迅先生笔下的孔乙己不是一个恶人，作为实体的孔乙己是一个手无缚鸡之力，又无生活技能的人。他整日所思所想的不外乎是“万般皆下品，唯有读书高”“学而优则仕”等，他是封建科举制度制造的一个废人，他的思想早已被腐朽没落的封建文化教育塑造并定型了。即使是在科举之路彻底断绝的情况下，他还极力保持着这种迂腐的思想，以及陈旧的生存方式，并在心理上还自认为与众不同、高人一等。这种有意的炫耀，反而更充分表现了其自身的荒谬性，暴露出内心的空虚与无望。他早已与短衣帮为伍，但在精神上，孔乙己又是始终看不起劳动人民并不甘心与他们为伍的。鲁迅先生的这篇他自己颇为喜爱的小说，无意同情孔乙己性格中的善良。文章中孔乙己至死掌柜也没有将带有侮辱性的“孔乙己”从粉板上拭去，这就告诉我们，作者的创作动机是在对孔乙己迂腐、自视清高的性格及爱慕虚荣、好吃懒做的恶习进行辛辣的嘲讽和鞭笞，揭露和控诉封建制度是怎样地残害扭曲了一个知识分子，同时更主要揭示出社会对穷苦人的凉薄。

一堂课要解读这样一个深刻的主题，我以“小伙计”这样一个小人物为轴心，辐射全篇，从横向、纵向两个角度去引领学生一步步地展开生长性阅读，探究作者的创作意图，以叙述者的角度分析作品主题。

2. 横向梳理，了解故事

教学时，我要求学生以短衣帮、丁举人、小孩子为叙述视角复述他们在酒店看到、听到的关于孔乙己的故事，情节分为两块（第一次到店和最后一次到店），复述结束请学生用一个字概括他们和孔乙己的关系。比如短衣帮，找出描写短衣帮对孔乙己态度的语句，结合语句，用短衣帮的视角来评判他们对孔乙己的态度。

孔乙己一到店，所有喝酒的人便都看着他笑，有的叫道："孔乙己，你脸上又添上新伤疤了！"（对弱者无情地嘲讽）

他们又故意的高声嚷道："你一定又偷了人家的东西了！"（"又"字，不放松地调侃，连续性地嘲弄）

孔乙己，你当真认识字么？（故意发问，实则嘲笑）

你怎的连半个秀才也捞不到呢？（直刺孔乙己的精神伤疤）

此时已经聚集了几个人，便和掌柜都笑了。（"笑了"，一个生命在他人的笑中逝去，可悲可叹。在这种看似友好的笑声中，包含着冷漠，包含着对人的精神的麻木不仁的批判）

在品析朗读中学生围绕一个"笑"懂得短衣帮和孔乙己同属于一个阶层，照理应该是容易产生同病相怜的恻隐之心，但是短衣帮揭短、嘲笑身为弱者的孔乙己，他们没感觉到对孔乙己造成了伤害，一次次的紧逼，一次次的精神伤害，使得孔乙己一步步走向悲剧的终结，所以，嘲笑是社会冷漠的杀手。

关于掌柜，我请学生关注以下句子：

掌柜正在慢慢的结账，取下粉板，忽然说："孔乙己长久没有来了。还欠十九个钱呢！"

掌柜也不再问，仍然慢慢的算他的账。

掌柜也伸出头去，一面说："孔乙己么？你还欠十九个钱呢！"

掌柜仍然同平常一样，笑着对他说："孔乙己，你又偷了东西了！"

掌柜只有在算账时才想起孔乙己，面对孔乙己不管被打还是致残，总是"仍然慢慢的"嘲弄一下，看似关心，其实内心深处还是透露出一种人情淡薄，因为他关心的只是——钱。

丁举人的冷酷是一种置人死地的暴力。丁举人是何等人物？靠读书升官发财的人。在那个社会，进学就有了一切，没进学，就像孔乙己一样任人欺辱乃至毒打，甚至生命都在他人手里。丁举人压根不同情同为读书人的孔乙己，文中写道："先写服辩，后来是打，打了大半夜，再打折了腿。"丁举人利用自己的权势直接把孔乙己推向死亡的边缘。一个"打"字，揭示了他和孔乙己的关系也是暴力背后的冷酷。

孔乙己和小孩子呢？

有几回，邻居孩子听得笑声，也赶热闹，围住了孔乙己。他便给他们茴香豆吃，一人一颗。孩子吃完豆，仍然不散，眼睛都望着碟子。孔乙己着了慌，伸开五指将碟子罩住，弯腰下去说道："不多了，我已经不多了。"直起身又看一看豆，自己摇头说："不多不多！多乎哉？不多也。"于是这一群孩子都在笑声里走散了。

孩子为什么而来？为什么而散？在孩子眼里孔乙己是怎样的人？在孩子们眼里，孔乙己是个怪人，与其说孔乙己在逗孩子，不如说孩子在逗孔乙己，最后孩子们连逗的心思都没有了，一哄而散。一个"逗"字，可以说孔乙己在鲁镇，在咸亨酒店，没有得到过一个温暖的眼神，没有听到过一声关心的话语，他只是人们生活中的笑料。

小伙计呢？

只有孔乙己到店，才可以笑几声。

在这些时候，我可以附和着笑。

我想，讨饭一样的人，也配考我么？

又好笑，又不耐烦，懒懒的答他道。

我愈不耐烦了，努着嘴走远。

我温了酒，端出去，放在门槛上。

学生在研读这些句子时，要读出这些句子背后的意味：瞧不起、应付、极不耐烦、冷漠。随着故事的进展，小伙计自身的性格以及他与孔乙己、酒客们的关系也不断呈现于学生面前。如果说在开头部分，小伙计确实保持了旁观者的客观和冷漠的话，那么以后就参与到故事中来。特别当百无聊赖的孔乙己主动与“我”攀谈，以求心灵慰藉时，“我”先是应付，继而不耐烦地走开，不能不让人感到小伙计的精神境界、地位都逐渐向麻木、冷酷的酒客靠拢，最后那个看似随意的“放”字，把一个活脱脱的世故的孩子展现在读者面前，最终我们确信小伙计会是比掌柜更冷酷的人，因为内心的——冷。

就这样让学生结合文本，抓关键词，在字、词、句的揣摩中理顺人物和孔乙己的关系，学生在朗读和品味中感受到当时冷漠、冷酷的一种国民精神状态，如果用一个带有温度的词语来概括这些人和孔乙己的关系，那这个字便是“冷”。

3. 纵向推进，解读主题

孔乙己的悲剧命运牵扯着很多人，短衣帮、丁举人、掌柜，还有一笔带过的抄书人，这些人和孔乙己有接触，有冲突，但是就是这么一个小伙计，却被鲁迅先生作为叙事的主体。接下来，在上个环节的基础上我引导学生进行比较：为什么小说要以小伙计为叙述主体？

鲁迅的关注从来都是双重的，把“被观察者”和“观察者”同时纳入他的艺术视角，作为他的小说“被观察被描写的对象”。鲁迅从来不孤立地观察、描写人，而是把人置于与他人的关系中来观察。他总要在他的悲剧的主人公的周围，设置一群“无主名无意识的杀人团”，构成一种社会环境和氛围，在这样的一种氛围中展现主人公的悲剧命运。(钱理群《〈孔乙己〉叙述者的选择》)基于这样的创作意图，我想小伙计是再恰当不过的观察点。但是学生不明白，教师还得深入推进指导。

所有到店者的一言一行每天尽收眼底，小伙计可以以一个旁观者的身份观察讲述孔乙己的故事，这点是其他人无法做到的。他又是一个线索性人物，把各路信息聚集在一起，具有身份处境的优势。另外小伙计还小，本应是纯洁无邪的年龄，但是这位少年的眼里没有温情，有的只是冷静。鲁迅曾说:“凡是愚弱的国民，即使体格如何健全，如何茁壮，也只能做毫无意义的示众的材料和看客。”(《〈呐喊〉自序》)鲁迅又说:“暴君的臣民，只愿暴政暴在他人的头上，他却看着高兴，拿‘残酷’做娱乐，拿‘他人的苦’做赏玩，做慰安。自己的本领只是‘幸免’。”(《暴君的臣民》)鲁迅先生就是要借助这样一个少年，表现病态社会中病态的人，用少年的眼光可以更真实、更客观地呈现这个病态的社会，刻画出弥漫在整个社会中的浓重的悲凉。可以说世故的少年，冷漠的少年，不仅仅折射出这个社会中人与人之间缺失关爱，更重要的是一般社会对于穷苦人的凉薄，这是一个时代的精神状态，是国民的集体麻木。这是这篇小说的主题，也是鲁迅先生借孔乙己引发读者思考以求变革。纵向推进，以小伙计为叙事主体，探究其中的原因，在原因的解读中，一步步挖掘出作品的主题。

横向纵向双线并进，在教师的启发引导下，在学生的思维不断推进中，师生进行了关于孔乙己的生长性阅读，阅读过程就是解读过程，就是师生共同提高、收获的过程，最后师生达成共识：作者设计小伙计这样一个形象的匠心所在就在于他是旁观者身份、线索性人物，他又有主题性意义。无论是高人一等的丁举人、掌柜，还是社会底层的短衣帮，又或是少不更事的小孩子，共同构成了一张冷酷的网，小伙计也是这张网上的一个网眼，孔乙己在这张愈收愈紧的网中，生活日渐窘迫，终于逃无所逃。鲁迅先生自己也说："《孔乙己》是在描写一般社会对于苦人的凉薄。"这样的一个时代性的主题，核心价值体现于一个小伙计，从小人物上看大主题，这就是经典的魅力，这就是鲁迅的魅力。

愿名著不再成为教学的盲点

——对名著教学的一点思考

随着课程改革的深入，近几年名著试题进入了中考，一方面和高中语文教学接轨，另一方面对落实新课标精神也大有裨益。名著阅读旨在进一步激发学生阅读兴趣，提高学生的阅读能力，引导他们爱读书、会读书，达到课堂教学与课外阅读融会贯通、相辅相成的目的。

但是随着名著阅读教学的进一步深化，在名著教学的实践中，作为一名一线教师，我有时真是不知所措！

1. 关于教什么

《义务教育语文课程标准（2021年版）》对语文课程性质，课程的基本理念、课程标准的设计思路、课程目标、课程评价作了翔实的解读和规范的界定，唯独在名著教学这一内容上只在《关于课外读物的建议》这一篇章中提到“能阅读日常的书报杂志”“九年课外阅读总量应在400万字以上”，然后罗列了建议推荐的长篇文学名著。至于名著教学，该教学生什么，教到哪个节点，课程标准只字未提，这就让语文老师在备课过程中“一头雾水”。仅仅了解情节，未免太肤浅；分析艺术特色，显得玄虚架空；结合三维目标“知识与能力，过程与方法，情感态度与价值观”，又无法在教学设计中面面俱到。于是我们只能按照自己对名著的解读，联系学生实际，从情节入手，先抓整体阅读，再精读经典片段，然后出题检测。至于教到哪个高度，缺少深入的研究。

我想正是新课程标准对名著教学的解读规范的盲点，导致语文老师在名著的阅读教学中无所适从。

2. 关于怎样教

《义务教育语文课程标准（2021年版）》中提到要“正确把握语文教育的特点”：“语文课程丰富的人文内涵对学生精神世界的影响是广泛而深刻的，学生对语文材料的感受和理解又往往是多元的。因此，应该重视语文课程对学生思想情感所起的熏陶感染作用，注意课程内容的价值取向……同时也要尊重学生在语文学习过程中的独特体验……在教学中尤其要重视培养良好的语感和整体把握的能力。”作为老师，我们都知道学生的独特体验、良好的语感、整体的把握能力需要一个由浅入深、由表及里的积累过程。这一过程必须遵循学生的认知规律和心理发展成熟的特点。可是在教学过程中，我们不难发现《钢铁是怎样炼成的》这部小说写作背景复杂，人物思想发展过程复杂，其阅读理解的难度大于《格列佛游记》。所以笔者认为，这样的编排设计，并未针对各学龄学生的特点分阶段加以具体安排。推荐的作品没有阶梯性和明确的目标要求，势必导致教师在“怎样教”这一环节上找不到合适的切入口。

另外，课程标准推荐的部分作品，缺乏时代气息。上学期，我指导学生阅读《钢铁是怎样炼成的》一书，发现学生对这部书不感兴趣，对书中记叙的历史相对陌生。为了激发学生的兴趣，在阅读过程中，我指导学生开始给名著写回目，高度概括每一章的内容，写一副楹联，并进行评比。这好比给外国小说穿上中国旗袍，一开始学生兴趣很浓，但随着情节的发展，书中各种阶级斗争的频繁发生，学生渐渐对保尔失去兴趣。最终，第二部还是我一手包办，写了印发下去，原因是什么？小说和学生的生活脱轨，学生不感兴趣。

3. 关于学什么

著名学者梁衡为人民教育出版社建社 60 周年写过一篇文章《教材的力量》。在文中，他这样写道："同样是一篇文章，为什么一放到教材里就有这么大的力量呢？这是因为，第一，教科书的正统性，人们对它有信任感；第二，课文的样板性，有示范效果作用；第三，课堂教育史制式教育，有强制性；第四，学生可塑，而且数量大。我国在校中小学生数约两亿。教材对学生的直接作用是学习语言文字知识，但从长远来看，这是一种力量，将思想基因植入到青少年头脑中，影响他的一生，进而影响一代人，影响一个国家。"梁衡这一说法将教材的力量提到空前的高度。这与《义务教育语文课程标准（2021 年版）》中总目标"在语文学习过程中，培养爱国主义感情、社会主义思想道德和健康的审美情趣，发展个性，培养合作精神，逐步形成积极的人生态度和正确的价值观……提高文化品位"是一致的。然而阅读《水浒传》不难发现，整篇小说充满了血腥与暴力，例如"血溅鸳鸯楼"：

> 蒋门神有力，挣得起来。武松左脚早起，翻筋斗踢一脚，按住也割下头。转身来，把张都监也割了头。……急待回身，武松随在背后，手起刀落，早剁翻了一个。那一个便跪下讨饶，武松

道："却饶你不得！"揪住，也砍了头。杀得血溅画楼，尸横灯影。武松道："一不做，二不休。杀了一百个，也只是这一死。"提了刀下楼来。

这样的情节，在李逵身上也有，在江州劫法场的那一次，黑旋风可着实杀了不少人，那可是无论男女、不分军民、童叟不留地一阵砍杀。当然，这只是铁牛哥"板斧小试"。这样的血腥场面，在石秀众英雄身上也有一定的体现。那么，阅读《水浒传》，难道让学生对这种简单、粗暴、血腥的解决问题的方法大快朵颐吗？学生的可塑性很强，阅读的力量一旦根植于思想深处，那么对学生的影响也不容低估。

另外，说起《水浒传》众英雄的侠肝义胆，让人称快。"结义"和"聚义"的"义"，也是江湖好汉追求团结合作目的的核心所在，但是这样的"义"很难用现实社会的所有是非标准来衡量。梁山好汉的"义"包含了现实社会很难相容的"江湖义气"，这种义气只讲交情，不论是非，只顾自己，而不管社会和他人。最典型的是卢俊义的个人遭遇。卢俊义江湖称"玉麒麟"，日子过得滋润，家产丰厚，家庭幸福。为使他上梁山，宋江设下圈套，于是卢俊义噩梦重重，自己被逼吃官司，妻子和管家私奔，最后无可奈何，投奔宋江。这背后是谁在指使？还不是宋江。这样的"义"难道崇高和纯洁吗？显然答案是否定的。

所以单从情感态度、价值观上谈，名著教材让学生学什么，是每个语文老师在教学中要思考的一个问题。

4. 关于如何评价

《义务教育语文课程标准（2021年版）》对语文的评价分为总目

标和学段目标。笔者姑且把名著阅读纳入到阅读教学中，其中指出：“欣赏文学作品，有自己的情感体验，初步领悟作品的内涵，从中获得对自然、社会、人生的有益启示。对作品中感人的情景和形象，能说出自己的体验；品味作品中富于表现力的语言。”读了名著，怎样反馈？怎样把课程标准中的要求量化为考试内容？也就是说，作品内涵的领悟怎样体现？读了作品，学生获得的对自然、社会的启示又是什么？课程标准中建议“从知识与能力、过程与方法、情感态度与价值观三个方面设计。各个学段相互联系，螺旋上升，最终全面达成总目标”，换言之，总目标包括了三维目标，又涵盖了初中三年的学习内容。但是具体评价操作，教师还是要根据考试这一指挥棒。苏州中考对名著这一考点要求是“了解大致情节、书上的经典片段，以点带面，精读”。因此，在实际评价中，老师抓两块内容：第一，检测每章情节内容；第二，组织学生阅读书上的经典片段，然后精心设计题目。其考试得分的功利性不言而喻，至于“三维目标”的螺旋形早已抛之脑后。教师还是把自己对名著的理解灌输给了学生。

因此，如何评价名著教学，也是当前教学中亟待思考和解决的一个盲点。

确实，如果仅仅作为阅读欣赏，名著教学可以天马行空，任意驰骋，但是一旦纳入中考考试范畴，名著教学必须要有本可依，有纲可循。只有这样，名著教学就不再成为教学的一个盲点了。

《湘行散记》中的湘西文化

1. 凤凰和吊脚楼

《湘行散记》是著名作家沈从文最有代表性的散文集，被称为中国现代散文经典之作。1934 年年初，在北京的沈从文接到母亲生病的消息，随即冒着严寒赶回故乡，他乘车从湖南常德到桃源，转为包船溯沅江而上。

船沿水路，且行且泊，历时 12 天，才到水路终点浦市。行前，沈从文曾与新婚的妻子张兆和约定，每天给她写一封信，报告沿途的所见所闻，《湘行散记》就是根据这批书简中记录的原始素材创作而成的。沈先生笔下水手的漂流生活展现了 20 世纪 30 年代底层民众的苦乐生活。可以说《湘行散记》是沈从文离开家乡多年后对家乡情感的寄托，也是沈从文返回故乡时，家乡的一切激起他内心情感的一种表达。

说到这，不得不提沈从文的故乡凤凰。凤凰城是湘西土家族苗族自治州的凤凰县城，紧邻沱江而建，吊脚木楼布满山坡。

"凤凰古城"建于清康熙时，这颗"湘西明珠"是名副其实的"小"，小到城内仅有一条像样的东西大街，可它却是一条绿色长廊。这里诞生了沈从文、黄永玉、熊希龄、田恕兴、郑国鸿、曾国藩、萧纪美……凤凰古城依偎着沱江，群山环抱，关隘雄奇。这里的山不高而秀丽，水不深而澄清，峰岭相摩，河溪萦回，碧绿的江水从古老的城墙下蜿蜒而过，翠绿的南华山麓倒映江心，江中渔舟游船数点，山间暮鼓晨钟兼鸣，河畔上的吊脚楼轻烟袅袅，可谓天人合一。

说到凤凰古城就不得不提它特殊的建筑——吊脚楼。在《湘行散记》一书中，沈从文先生反复写到吊脚楼，若不是在南方出生长大，恐怕也只有在沈从文的小说里，才能知道吊脚楼的妙处了。在那篇举世闻名的《边城》中，吊脚楼成了湘西山水中最具符号性的人文景致。

> 贯串各个码头有一条河街，人家房子多一半着陆，一半在水，因为余地有限，那些房子莫不设有吊脚楼……河中涨了春水，到水脚逐渐进街后，河街上人家，便各用长长的梯子，一端搭在自家屋檐口，一端搭在城墙上，人人皆骂着嚷着，带了包袱、铺盖、米缸，从梯子上进城里去，等待水退时，方又从城门口出城。某一年水若来得特别猛一些，沿河吊脚楼，必有一处两处为大水冲去，大家皆在城上头呆望……

在小说中，吊脚楼上住着妓女、寡妇，她们也在摸黑生活，靠着楼下沱江上水手的嫖资默默地活着。可以说每天吊脚楼上发生着同样的故事。

吊脚楼是凤凰古城的代名词，是山水浓情的湘西文化的代名词。

2.《湘行散记》中为什么写妓女

沈从文自己曾说：“我也写城市生活，写城市各阶层人，但我更喜欢的还是那些描写我家乡人事哀乐的故事。”

在沈从文的眼中，只有那些生活在大自然的怀抱之中，连生老病死也同大自然的节律一样的湘西“乡下人”，其生命中才充满一种酣畅淋漓的元气。他们是那样的光彩照人、胆大妄为，要哭则大哭，要歌则放歌，喜怒哀乐都是那样的真诚与强烈。他们不懂得虚伪与矫情，不懂得阴谋与算计，一切都在明里亮里，一切都显得那样的豪放与庄严。

湘西美丽、淳朴的景色成就了湘西男性纯朴勇敢、女性天真执着的性格，人性之美在那山山水水的自然风光中滋养着、渗透着。就在那样的地方，孕育了一群最纯粹的“妓女”。她们本是出身于贫寒的良家女子，为了生活走上了这条道路。尽管遭受苦难，却有一颗金子般的心，不管她们的生活是如何艰辛，如何贫困，即使病得非常严重，只要能撑下去，她们便不会偷懒、吃闲饭。纵使命运对她们有多么不公，她们也不会反抗，会想尽方法把生活过下去，活在那一成不变的生活里，活在她们生命的诞生地——湘西。就是在那样风景秀丽、具有人情味的湘西，成就了这群勤劳、善良、重情重义、迸发着原始生命的激情与活力的吊脚楼妓女。她们“臀大身肥”“圆脸大脚”，她们精力充沛、生性灵活。她们与水手相依为命，他们之间不仅仅是金钱与肉体的关系，还从彼此身上获得精神上的慰藉和生活下去的勇气。他们之间是有爱的，他们的爱热烈而真诚，展现的是人性中最真诚的情感。另一篇小说《柏子》描写的就是水手与妓女之间的故事，沈从文以同情、怜悯甚至是赞扬的笔调歌颂了他们的爱情。痴情的妓女对水手柏子感情专一，而柏子对这个妓女也是情投意合、忠贞不二。他们之间与其说是一种金钱和肉体的关系，还不如说是两个纯洁灵魂的结合。他们是两个同样被抛弃的人，在短暂的接触后，便有了这种惺惺相惜的感情。妓女并不是看中柏子的金钱，从来不因水手的地位低下而嫌弃，她们并不是精神上的妓女，而是被生活所逼，在走投无路的情况下，不得不沦落风尘的“圣女”。她们从未失去那一份质朴和可爱，以及那一份对生活的纯真希望。

在沈从文的作品中，妓女虽然从事着出卖自己身体的工作，但她们身上依然保留着湘西人民美好的人性，并且执着于爱和心灵的自由。沈从文注重刻画妓女与水手之间的温情，对湘西妓女质朴、真情的赞美，实则表达了他对都市上流社会的厌恶及批判。

沈从文放大了她们的人性美，着力刻画她们敢爱敢恨、有情有义的生命形式和人格品德。在这些妓女身上，贯穿着沈从文对人性的讴歌和赞美，她们是真诚的、勤劳的、淳朴和坚强的，在她们身上，无疑都蕴含着沈从文对湘西人率性的礼赞，也凝结着他对民族文化的思考。

和教师说说名著

读名著，教师该引导学生读什么？丰满鲜活的人物？紧张曲折的情节？还是发一本书随便读？其实教师也要做好思考、备课。

读名著，教师首先要指导学生理解作品的文化传承。朱自清先生在《经典常谈》序言中说："在中等以上的教育里，经典训练应该是一个必要的项目。经典训练的价值不在实用，而在文化。"梁启超先生也认为，青年学生不仅需要阅读必要的经典，对那些"有价值的文学作品"和"有益身心的格言"，还需要熟读成诵，涵养文化气质。20 世纪初，美国哥伦比亚大学就开设了"文学人文"和"当代文明"两门本科必修课，提供西方传统经典，包括欧洲文学名著及哲学、社会理论等学科门类的名著，供学生学习，可见读名著就是读文化。

其次，不同名著要让学生学会不同的阅读方法。"授之以鱼不如授之以渔"，现行统编版语文教材每一册都推荐了 6 部名著供学生阅读，其中 2 部属于"名著导读"，4 部属于"自主阅读"。例如，七上的"名著导读"为《朝花夕拾》和《西游记》，"自主阅读"为《白洋淀纪事》《湘行散记》《猎人笔记》和《镜花缘》，而且编者都提供了有益的阅读指引，对阅读类型、导读方法进行了明确指导。比如，《红星照耀中国》学习纪实性作品的阅读；《水浒传》学习古典小说的阅读；《西游记》学习精读与跳读的方法；《骆驼祥子》学习圈点与批注的方法；等等。

第三，创设多维阅读活动，激发学生阅读兴趣，完成整本书的阅读。比如，阅读《朝花夕拾》时，可以举办《朝花夕拾》手抄报比赛，在阅读前明确提出比赛要求：手抄报第一页——人物画廊，请学生为《朝花夕拾》中的人物画肖像画并配上文字说明，肖像画要符合人物形象特征，文字说明要包含人物描写及相关事件，而且人物不能少于4个，每个人物的说明不能少于100字；手抄报第二页——“鲁迅的QQ空间”，把自己当成鲁迅，设计属于鲁迅的QQ空间，以鲁迅的口吻写一篇日志，日志下要有《朝花夕拾》中相关人物的跟帖评论，日志和评论的内容都要紧扣原著，语言可以模仿原著中人物的话，日志字数不少于200字，评论不少于5条。借助活动，激发学生的阅读兴趣。

第四，精心设计一两节导读课，开启学生的整本书阅读之旅。例如，《朝花夕拾》导读就可以这样设计：

活动一：童年体验——这样的长妈妈

1. 给长妈妈设计身份证。

姓名	性别	头像
年龄	职业	
家庭住址		

2. 学生交流，纠正相关信息。

设计意图：这样设计一则是让学生了解阿长是个社会底层的劳动妇女，普通卑微到无名无姓，地位极其低下；二则是为解读课文倒数第2段做教学上的呼应。

3. 补充介绍《山海经》。（投影展示）

《山海经》是中国先秦重要古籍，也是一部荒诞不经的奇书。《山海经》的内容主要是民间传说中的地理知识，包括山川、矿物、民族、物产、药物等，保存了包括夸父逐日、女娲补天、精卫填海、大禹治水等相关内容在内的不少脍炙人口的远古神话传说和寓言故事。《山海经》具有非凡的文献价值，对中国古代历史、地理、文化、中外交通、民俗、神话等的研究，均有参考价值。其中的矿物记录，更是世界上最早的有关文献。

4. 回忆串联《朝花夕拾》。（投影展示）

我才知道做学生是不应该问这些事的，只要读书，因为他是渊博的宿儒，决不至于不知道，所谓不知道者，乃是不愿意说。年纪比我大的人，往往如此，我遇见过好几回了。

我就只读书，正午习字，晚上对课。

——《从百草园到三味书屋》

设计意图： 补充《山海经》介绍，同时勾连《从百草园到三味书屋》相关情节，要让学生明白一个背景：在那个社会，“四书”“五经”是正统书籍，《山海经》虽是奇书，但是作为学生是不该读的，学生只能一心读圣贤书，所以别人不愿帮“我”买。别人不愿做的或者做不到的，长妈妈做到了，这就是她的神力啊。这就是引发“我”产生敬意的原因。

5. 回味品味当时的激动。

6. 字词的品读赏析回味。（投影展示）

我似乎遇着了一个霹雳，全体都震悚起来；赶紧去接过来，打开纸包，是四本小小的书，略略一翻，人面的兽，九头的蛇，……果然都在内。

——《阿长与〈山海经〉》

哪些词要重读？包含了哪些情感？

设计意图： 开放地让学生讲，可能是“震悚”，可能是“霹雳”，也可能是“赶紧”，还有那个不容忽视的“果然”，在学生的品读、教师的引导中达到体会当时“我”的激动、惊喜、满足、出乎意料之情。

7. 想象补写买书的过程。

8. 学生交流体会合理性。

设计意图： 借助想象，再现买书过程，一则了解目不识丁的长妈妈买书的艰辛，二则了解写作中的“留白”。让学生比较写出来好，还是不写出来好，从而让学生意识到：越是没见到，越是牵念一辈子，越是牵念，越是难忘。这就是作者人到中年写阿长的感情基调。

教师总结： 我们可以看出，长妈妈是真心实意关爱着“我”的人，她身上的热情、淳朴、善良，更是“我”所不能忘怀的。所以人到中年后，鲁迅先生回忆儿时这件事，表达出对这样一个劳动妇女的思念和感激之情。

9. 改写题目“长妈妈和《山海经》”。

既然这么思念、怀念长妈妈，那么题目改成“长妈妈和《山海经》”，好不好？

10. 学生思辨题目的作用。

设计意图： 题目的比较实际上是对内容的再理解，既然阿长给“我”买了《山海经》，带给“我”震悚，让“我”感念这么久，那么题目改为“长妈妈和《山海经》”，不是更加妥帖？由此引入到下个教学环节，对阿长真实、自然的描写和记叙，还原一个有人气的、接地气的农村妇女。

11. 筛选信息完善人物形象。(投影展示)

长妈妈的琐碎小事	课文章节	作者对此态度

12. 交流长妈妈的性格缺陷。

设计意图：通过辨析题目，自然过渡到上文对长妈妈的介绍，教会学生跳读，筛选有价值的信息，同时设身处地引导学生明白这些规矩背后其实还原了一个真实的人，还原了一种真实的人际关系，其实这就是鲁迅先生散文创作的一个核心基础——“立人”。

教师总结：从这些地方可以看出，鲁迅不仅严格地按照生活本来的面貌如实地记叙长妈妈，而且在记叙中始终着意表现她身上最本质的东西，还原生活的真实，呼唤人和人的真实，真的背后是善，善代表着爱。我们从她的愚鲁中看到真率，从粗犷里看到细心，而这种真率和细心所体现的实质，是对孩子的关心和爱护。事过三十多年之后，鲁迅怀着深情回忆起来，仍然被这种关心和爱护所打动。

活动二：中年意识

1. 品读课文，找出前后矛盾之处。(投影展示)

我的保姆，长妈妈即阿长，辞了这人世，大概也有了三十年了罢。我终于不知道她的姓名，她的经历；仅知道有一个过继的儿子，她大约是青年守寡的孤孀。

思考：

①称呼发生了怎样的变化？从称呼的变化中你读出了什么？

②三十年前的往事，鲁迅记得清清楚楚，而阿长辞世的时间却用了一个表示推测的“大概”，这符合常情吗？

③仔细品味“终于”“仅”这两个词语。

2. 补充背景，理解鲁迅的思想基础。（投影展示）

作为新文化运动的杰出代表，鲁迅提出了“人立而凡事举”的主张，向现实发出了强烈的抗议。

对人性与人际关系的关注是鲁迅“立人”思想的核心内容。

设计意图：知人论世，《朝花夕拾》创作背景介绍的插入，再通过朗读，体会词语的内涵，走进鲁迅的心灵世界，感受鲁迅先生人到中年的思维：长妈妈这样一个人，只是鲁迅心中的一个符号，也是所有天下善良人的一个符号，所以她的真实姓名、年龄、住址无须赘述、补写，因为她们就在身边，就在回忆里。结合鲁迅的文学创作，教师引导学生：鲁迅先生的杂文用犀利的词语抨击揭露这吃人的社会，他的小说则是借助具体的人和事剖析这病态社会的病根——人和人的冷漠，人情的凉薄。他的散文虽然是有温情的，但是他要借助这温情，慰藉自己那冰凉的内心，从而汲取继续战斗的勇气和力量。

3. 由点到面，明确写作意图，读出作者。（投影展示）

在谈到这批文章的写作时，鲁迅先生深情地谈到了“曾经屡次忆起儿时在故乡所吃的蔬果”“思乡的蛊惑”等，说“这些东西也许要哄骗我一生，使我时时反顾”。这些深情的表白，都表明鲁迅在那个特定的生存环境中，在人到中年、身处异乡的时候，确实是打算写作以“回忆”为主要内容的文章，来寄托自己的思乡之情，来对抗那“纷扰”“离奇”的现实境况的。

4. 朗读结尾，体会文章深意，读出理解。

设计意图：教学设计首尾呼应，从读开始，到读结束，朗读永远是最好的教学手段，读出感情，读出理解，读懂作者，达到从一篇文章了解一本书的教学目标。

这样的导读课，借学生活动开展整本书阅读。当然实际实施的过程依然很难，因为只要应试教育存在，一切的阅读就都会染上功利的色彩，整本书阅读就会是一件奢侈的事情，而不再是心灵的享受、精神的滋养、素养的提升、能力的培养。固守教育的本质，让学生诗意地栖居于经典阅读，这是我们每个语文教师的追求，它并不是一个温馨而浪漫的梦——在云朵之上，我们不是天使，但我们的内心可以拥有轻盈的翅膀。

作文教学

用足教材，学会选材用材

面对统编版语文教材，一线教师依然不知道如何进行写作教学，也不知道如何才能让学生学会写作，形成写作能力。充分运用统编语文教材中的阅读范文、写作短文和写作实践等丰富的写作资源，开展生态而智慧的写作指导，不断实现学生写作能力的提升，无疑是当下写作教学的一种自觉选择。

本篇拟以七年级写作能力点“学会选材用材”为例，谈谈如何充分运用好语文教材中的写作资源，指导并培养学生在记叙文写作中学会选材用材的具体做法。

1.巧借语文阅读中的范文，引发学生对“学会选材用材”的重视。

“怎样选材用材”是统编初中语文教材中的写作能力点之一。而很多学生在作文写作练习中，对这一问题重视不够，常常导致作文内容空洞，故事简单，缺乏丰富与厚实。

如何才能引发学生的重视呢？我想到了用学生写作中的故事简单、内容贫乏的典型案例，但转而一想，用这样的反面案例，肯定伤害习作当事人的自尊心。于是，我想到了选择一位选材用材好的同学的作文做正面引导，还是不行，首先正面例子少之又少，且离目标有相当的距离。最担心的是，肯定了少数个别同学，会加重其他同学的自卑感。我又想到了单刀直入，开宗明义，在黑板上写下“怎样选材用材”几个字，但经验告诉我，这样的效果往往不好。说不定，我的话音还未落，课堂上学生的叹息与埋怨声就出来了：“又要写作文了！”

最后，我采用了语文教科书中的阅读范文为例，尝试着从回忆刚刚学习过的课文内容入手，巧妙地进行课堂问答和问题比较，收到了比较理想的效果。

教师：请同学们回想一下，我们刚刚学习的第三、第四两个单元的课文，说一说，哪篇文章给你留下的印象最为丰富或深刻？

学生：《老王》。

教师：为什么？

学生：单干户。

学生：有一只眼睛瞎了。

学生：住破破落落的大院。

学生：给“我”家送冰，车费减半。

学生：送的冰比前任的大，冰价相等。

学生：送“我”先生回家不要钱。

学生：给“我”送香油。

教师：好！“单干户”是老王这个人物的身份；“有一只眼睛瞎了”是老王这个人物非常明显的外貌特征；“住破破落落的大院”，是老王的生活境遇；“送冰、送人、送油”而且少收钱甚至不要钱，是老王做的具体事情，是老王从事的职业和职业品质，是《老王》这篇文章的主要内容。而这些内容，就是我们常说的写作素材，没有这些从不同角度获得的丰富的素材，《老王》这篇文章就没法写，硬写出来也会感觉很空，老王这个人物也不会留给我们这么多阅读的记忆和深刻的印象。下面我们来看杨绛先生是怎样用这些素材的：老王人老，还是单干户，可依靠的是三轮车，无可依靠之人，自己呢，又瞎了一只眼，住的又是破落的大院。老王的处境可谓“屋漏偏逢连夜雨，船迟又遇打头风”。就是在这种困境中，老王“送冰、送人、送油”少收钱甚至不要钱。其品格其精神怎能让人不心生感佩？如果杨绛把老王老，一只眼瞎，哥哥去世，侄儿无用，只能靠自己蹬三轮车顺次写来，其文就会逊色大半，甚至沦为平庸之作。正因为杨绛没有把相关材料横向铺展开来，而是参差措置，使文势一步紧逼一步，一步一跌，直到回风击水，波澜陡生，如此处理让人叹为观止。

这就是充分利用阅读教学的范文所收到的效果。其实，也就是《义务教育语文课程标准（2021 年版）》中提出的写作教学建议，写作教学要做到读写结合、说写结合。阅读的贮存被激活了，学生的话匣子就一下被打开了。比如说《阿长与〈山海经〉》，学生印象深刻的是她给“我”买《山海经》；再例如《卖油翁》，则是因为他卖油技艺高明。学生在回忆中，说出令自己难忘的原因，沉浸在范文主人公的角色中。我顺势引导——因为选材把握好，所以文章中的人物易于深入人心，打动读者。可见选材在写作中的意义重大。仅有态度上的重视，不是真正的重视，必须有行动上的付出。要向杨绛、鲁迅这样的作家学习，热爱生活，关心身边的人和事，全方位地观察和积累，才会有源源不断的写作素材，也才能为选材与用材提供可能。学生们都点头表示赞同，我也很顺利地把学生从课本体验阅读这个通道带入到“怎样选材用材”这个写作能力教学的主场，明确了本堂课的训练目标。

2. 围绕教材中写作知识短文的自学和对话，引导学生初步把握教材编者关于选材用材的基本要点。

“怎样选材用材”是特别具有操作性的写作能力点之一。回味教材范文，感知选材之重要，不等于能够完全理解和把握了如何选材和用材的基本要点，教师还需要引导学生充分运用好教材中的写作知识指导的短文（简称为“短文”），组织学生认真阅读、圈画，找出并概括选材用材要做到的几个基本要点，初步明确通往“怎样选材用材”的理论路径。

这里特别需要注意课堂自学的实际情况，短文尤为精要。理论上说，学生自学时很容易找出关键词，诸如紧扣中心、分清主次、详略得当、新颖独特等。

而事实上，由于学习能力的差异和知识背景的不同，学生在阅读后的课堂发言、交流中的真实呈现并非这么简单。此时就特别需要教师对话、引拨的教学智慧，既保护、尊重每一个学生，又能把短文的学习引向纵深。

我在实际教学中就遇到两个学生在发言交流时出现了与教材中知识短文表达不相一致的情形，有一个学生说“选材要新颖独特”，而不是教材中的“选材要真实和新颖”。一般情况下，是要求学生再仔细看原文，让学生以短文的表达为准，当然，这也就等于委婉批评了学生读书不细心。这种处理缺少教学艺术，有点粗暴，甚至可能在不知不觉中泯灭了一朵富有创造性的火花。我于是借这一机会，让其余同学先来评价一下该同学的回答，很自然提醒自学要尊重原文。在纠正错误之后，我没有一点批评的意思，相反表达了个人的好奇，很想听听“新颖独特”同学为什么要舍去“真实”二字而换一种表达的理由。这个同学的回答是这样的：

老师，我曾看过一位著名作家说过的话，他说写作是可以虚构的；老师也讲过，写作是可以虚实结合的。所以，我就把“真实”二字去掉了。

结果是同学们鼓掌，我也鼓掌。在此基础上，我非常自然地作了补充和拓展：

说这个话的作家应该是苏联著名作家阿·托尔斯泰吧，他的代表作是《苦难历程》三部曲，他有一个非常著名的文学主张：“没有虚构，就不能写作。整个文学都是虚构出来的。”这个同学能够把课外阅读的收获带入到学习中来，值得我们学习，而且把老师讲过的关于写作的虚实结合又拿来参照，做出自己阅读短文后的取舍，这种“尽信书不如无书”的质疑品质和独立思考的意识非常棒！建议同学们再来一次鼓掌。但老师要做出的提醒是，虚构是创作的一种方式，虚构不等于虚假。短文中的选材要注意真实，真实的反面是虚假，而不是虚构。“虚实结合”中的“虚”是一种虚写，是通过联想、幻想、假设、想象、改造、剪辑等方法，更好地表情达意，实现写作或创作的需要和目的。我们把这种“虚写”和“虚构”称为艺术的真实。

这是师生关于短文学习内容的对话，作用非常明确：一是检查学生独立阅读、圈画和标注的情况；二是引导学生准确把握写作教材中提及的学会选材用材的基本要点，充分领会和发挥写作短文在写作实践中的指导意义。同时，从教学过程来说，每时每刻都要留意学生概括和表达的准确性，培养学生认真、仔细地读书的习惯，忠实文本的概括和回答问题。从教学艺术来看，尽可能多地从善意出发，尽可能多地尊重学生的个性化表达，尽可能多地寻觅学生特殊表达背后的秘密，力求收获阅读理解、写作能力、思维品质等语文素养方面的多重发展和创新能力。

3.巧妙运用知识短文讲析中的“重点举例”，与教材原文进行比照、辨析，丰富并生成选材用材的思维导图，完成写作能力的知识建构。

一方面，新教材在编写时，力求形成比较完整的写作能力体系；另一方面，受篇幅、页码等限制，知识短文编写无法充分展开，难免有遗漏。这就需要教师创造性地运用教材短文，不露痕迹地弥补不足，实现教学目的。稍加留意，我们会发现，新教材写作指导短文中往往有重点举例的内容，当然，一是为了印证观点，二是这些重点举例一般都是学生已经学习过的经典课文，多半还是本单元内的文章，往往在举例中隐藏着一些重要的写作能力点，这就需要教师去发现和挖掘，并智慧地展开教学。

我们以《阿长与〈山海经〉》为重点举例，通过这个重点举例，不仅能够更好地理解短文要义，还能拓展选材的更多路径，建立起阅读与写作的多重关联，也充分印证：如果能让学生结合范文多方比较、辨析，便能自然而然地创生更好的选材用材的思维导图。

用列表的形式，原本是印证选材要“围绕中心”，我在教学中，就是结合这一表解，层层发问的。比如，短文中的一张列表是干什么用的呢？当学生回答“是告诉我们如何围绕中心取舍材料、详略得当地安排材料”之后，我明知故问：“老师怎么没看到这一层呢？怎么取舍的呢？又是怎么详略得当的呢？”学生说：“阿长是迅哥的保姆，他们之间可写的事情很多，在《阿长与〈山海经〉》一文中，只写了六件事情，其余都没写。舍去了阿长陪‘我’看五猖会的事和阿长踩死了‘我’的隐鼠，还嫁祸他人的事。”我在肯定学生对《朝花夕拾》阅读得认真仔细，因而回答准确之后，接着追问：“为什么不可以把这些写到《阿长与〈山海经〉》一文中来呢？”学生说：“跟中心无关。”我继续发问：“详略处理，又是怎么看出来的呢？”以下的对话，就更精彩了。

学生：表格右边列出的阿长名字的由来、喜欢切切察察、睡觉摆“大”字，这三件事文章略写，用的篇幅比较少；阿长正月初一早晨让“我”吃福橘、讲“长毛”的故事、为“我”买《山海经》这三件事是详写，所占篇幅比较多，有过程、细节和感受。

学生：老师，我有个发现，作者在这篇文章中还舍去了阿长给自己讲美女蛇的故事。

教师：这个故事好像在哪里讲过？

学生：《从百草园到三味书屋》。

教师：是啊，为什么不放在这里讲呢？与“长毛”的故事换一换？或者结合一下呢？

学生：我们小组认为不能换。讲“长毛”的故事就是为了表现阿长没有文化。

学生：我们小组是这样看的，所谓的神力是不存在的，阿长还讲得煞有介事，可见她的愚昧、落后。

学生：我们组也认为不好。“长毛”的故事和百草园丝毫没有关系，而美女蛇的故事是为了凸显百草园的神秘，表现自己对童年百草园生活的热爱和怀念，与“三味书屋”的生活形成鲜明对比。

教师：是啊，“长毛”的故事放在百草园里讲，与文章要表达的主题有冲突，与百草园这个特定背景有冲突，不符合《从百草园到三味书屋》这个题目的创作意图；同样，美女蛇的故事如果放到《阿长与〈山海经〉》里讲，也与文章要表达的中心有矛盾，不能突出阿长的愚昧，也不能突出《阿长与〈山海经〉》这个命题的复杂意义。看来，围绕中心选择材料，这个“中心”是有讲究的，要和确定这个中心的写作意图相符，还要与根据这个中心所拟定的文章题目不能有冲突。

教师：除了教材短文上指导我们的这两个选择材料的要求外，我们在选材上还要注意什么呢？

学生：选择的材料要有意义。

教师：怎么讲？

学生： 比如，阿长讲“长毛”的故事，固然是突出了阿长的无知和愚昧，但故事本身还有很多的思想意义。

教师： 了不得的发现。这是对材料本身的要求，不仅这则材料要能与中心有关，而材料本身也要有更为丰富的价值，如以讹传讹的“长毛”故事本身有社会、历史、时代、偏见、无知、愚昧等多重内蕴在其中。无知而又煞有介事地讲“长毛”故事的阿长，让人禁不住笑，而这笑中又饱含着痛楚的泪。

学生： 老师，我有个看法，所选的材料还要有感人的细节。

教师： 比如？

学生：《台阶》一文中的父亲，“一个冬天下来，破草鞋堆得超过了台阶”，这样的细节，写出了父亲砍柴的不辞辛劳；放鞭炮后，“父亲明明该高兴，却露出些尴尬的笑”，写出了父亲的“不自在”和复杂的内心世界。

教师： 这个看法好。我们不一定要选择惊天动地的大事去写，我们更应该关注和观察身边熟悉的人和事，从寻常生活小事中选择、挖掘那些有价值意义的、有感人细节的材料，这样的材料本身就能吸引读者，就有可读性。

巧妙运用知识短文中的列表举例，让阅读与写作进一步融合，让列表与原文反复比照，把学生的思考推向具体和细化，不断借机进行的巧妙追问和置换问，又让如何选材用材这个问题不断得到拓展，补充和丰富了写作知识短文。

最后在师生富有挑战性的思考与对话过程中，形成了关于“怎样选材用材”的思维导图：

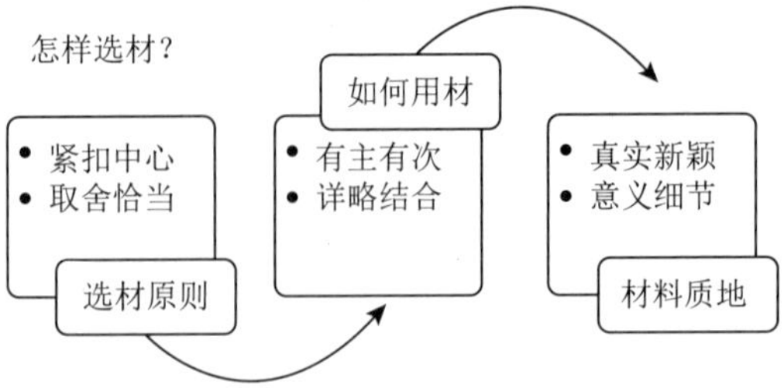

4. 充分运用课本中的“写作实践”，利用课堂有限时间，提供有效的训练支架，培养选材用材的写作能力。

“选材”是一种操作性极强的写作能力，和其他写作能力一样，必须经过反复的写作实践才能真正形成。为了体现这种写作主张，教材编写者提供了三道用来教学训练的参考题目，且在每道题下，作了非常有行动意义的写作过程或方法的指导，并将这一切统称为“写作实践”。

首先在指导课上，我们要充分运用这些训练题目和题目下的指导文字。其次要多动脑子，多想办法，提供支持，在课堂非常有限的时间里落实教材中呈现出来的三道题目。

我的做法是：借鉴知识短文中的《阿长和〈山海经〉》的列表法，并在表格左边增加了“文题”，在右边增加了“详略”两个项目，作为写作训练的支架，让各小组在三道“写作实践”题中任选一题，集体完成表格。然后，全班交流和展示，共享训练成果。这一支架的提供，又兼小组合作学习的方式，让“怎样选材用材”的方法在实战的写作训练中得到了又快又好的落实，收到了出人意料的效果。

课堂小组成果展示举例（题一）：

文题	中心	材料	详略
街道组 “苏州的平江路”	平江路是一条历史悠久、特色鲜明、游人如织的姑苏老街	苏州古称平江，平江路缘此得名，平江路是路更是街	略写
		戴望舒《雨巷》里丁香姑娘走着的雨巷，就是这里的丁香巷	略写
		平江路与众不同的是“水路并行，河街相邻”的水乡格局；建筑是白墙黑瓦，园林风格	详写
		集水巷、美食、民宅和旅游于一体，是闹中有静的著名街道	详写

课堂小组成果展示举例（题二）：

文题	中心	材料	详略
牛人组 “晒晒我们班的‘牛人’”	“牛人”是班长牛犇，外形如牛壮，是大家心目中的歌唱家、学霸，更是热心助人、乐于吃苦的老黄牛，同学们都以他为骄傲	班里真有个牛人，姓牛名犇，身强力壮，牛气冲天	略写
		唱歌超过李玉刚，“菊花残，满地伤……”张口就来，无论男女声，无论高中音，天生音箱，一直“牛市”	次详写
		全能学霸，不但总分最高，而且门门最高，就连演讲和辩论，只要他出场，非拿冠军不可，私下被戏称为“牛魔王”	次详写
		担任班长，治班有方，热爱公益，热心助人，不怕辛苦，是人见人夸的“老黄牛”	详写

这里展示的举例，既能根据文题，确定中心，又能围绕中心选择材料，并做好详略安排，实现学以致用。而表格提供了一个从方法学

习到写作实践不打折扣或少打折扣的基本保证。从本质上是写作提纲练习，从教学组织和艺术上来看是提供学习支架。课后，同学们把表格转化成文章，多数同学都能较为顺利地达成本次写作训练的目标，初步形成了记叙文写作的选材和用材能力。

本次写作训练有四方面指导意义：一是充分运用语文教材中的资源，教会学生学会选材和用材。资源有阅读范文、写作知识指导短文和写作实践训练题目。二是让学生初步具备记叙文选材用材的写作能力，通过写作认识上的重视度、写作理论的可视度（思维导图）和写作实践的集体合作强化，初步达成写作目标。三是体现了读写结合、说写结合的写作教学主张，借助课堂对话、小组合作、老师追问等方式，富有创意地达成了教学目标。四是体现了写作课堂的综合性和实践性。我们知道，没有写作实践的课堂不是真正的写作课。写作就是要让学生亲自去写，去练习，课堂必须舍得投入训练的时间，这一切都需要教师的精心设计与充分发挥教学智慧。

课内课外相结合，零研碎磨炼作文

作文教学一直是困扰一线语文教师的教学难题。没有系统的教学目标，也没有可持续的操作方法，教师的作文授课往往视教学进度而定，不论是时间安排还是写作内容，随意性很大。学生们惧怕提笔来写，趣味更是索然。怎样既让学生喜欢动笔又能有效利用时间？我结合自身经验总结几个具体做法。

1. 善钻经典，扩写仿写

许多课内阅读材料在很多方面对学生写作能力的提升都有着良好的作用。所以，在平时的阅读中，我注重将课内所学的内容和提升写作联系起来，读写结合，以求达到在阅读积累的基础上，让学生自由小练笔的目的，真正做到学以致用。

例如，阅读著名作家臧小平《旧宅院中的老朋友》一文。其文大致讲述自己父亲退休后和一群小麻雀闲适自然的生活，有一段描写很是精彩：父亲饲养小麻雀，风雨无阻，小麻雀吃饱喝足后快乐地飞走了。

我要求学生展开想象，补充小鸟吃完后欢乐的细节。设计这样的训练，一是让学生静心阅读，感受父亲对鸟儿的喜欢；二是借助这样的训练，让学生对鸟儿的声音、动作、神态展开细节描写，提高学生的写作表达能力。学生在小组交流后呈现的答案精彩纷呈：

它们不再腼腆，不再拘束，而是大大方方飞到院中，迫不及待地跑到食物前，准备饱餐一顿。它们争先恐后地围着餐盘，一个个吃得油光满面。它们吃饱后好像为了表达感谢，叽叽喳喳地叫着。坐在一旁的爷爷看着眼前的景象，也乐呵呵地笑着，好像一个快乐的大男孩。

——张庆鹍

老人拿着碗，一到“饭场”喂饭，鸟儿便从竹丛里飞出来，一拥而上，争先恐后地争抢食物。它们摇头晃脑，样子十分可爱。老人慈爱地注视着他的老朋友，它们饱餐一顿后，十分高兴地蹦蹦跳跳。几只鸟儿站到了老人的肩上，老人深情地抚摸着它们，鸟儿叽叽喳喳地唱着歌，似乎一点都不害怕。

——张文鑫

再到后来，它们简直成了冒失鬼，时常在人们面前打闹嬉戏。当父亲给它们喂食时，它们也不再是等着父亲离开，而是在人刚放下一碗清水或刚洒下馒头米饭时，就飞扑上来，你拍我啄，将水与食物溅得到处都是。它们也不在乎，互相啄着羽毛，在父亲周围飞来飞去，像是一个个小精灵，在为父亲唱着感恩之歌；又像是父亲的孩子，在他肩头亲昵地站着。父亲也会慈祥地抚摸它们的羽毛，眼神里充满慈爱。

——谭玲玲

初次尝试后，我被学生的写作震惊了。之后，我多次在经典阅读中让学生改写、仿写。学生们也乐此不疲，写作水平也慢慢提高了。作为一名一线语文教师，我深知作文训练定时定点，集中火候，强化训练必不可少，但是在经典作品欣赏的时候，适时适度地把语言形式的运用和课文内容的理解有机地结合起来，彼此交融，和谐运行，极有利于学生习作兴趣的培养和作文水平的提高，因为这样做的优势在于内容简短，贴近实际，且紧随阅读教学，操作简单，效果实用。

2. 质疑佳作，修改完善

在日常教学过程中，我将口头作文与书面作文相结合，片段训练与写整篇文章相结合。我注意调整这样的训练形式，不是单纯地要求学生每周完成一篇作文，而是通过交叉训练的方式，让学生可以在多样化的训练形式中灵活掌握不同题材的写作方法和技巧。尤其在周末的优秀作文摘录中，尽可能采用多种形式，达到读、写、练相结合的目的。

很多学生都认为发表出来的文章都是好作文，尤其是《作文与考试》上发表的学生作文，于是有人就不动脑地依葫芦画瓢写了一篇交差完事。我是这样引导的：通过变通摘录方式，让学生在摘录中进行甄别，然后修改。《一路有你，不孤单》是发表在《作文与考试》上的一篇文章，我让学生先阅读，然后找出问题所在。

读完，学生们的意见达成一致：文章写了三个不同年龄段的人的陪伴、帮助。尤其结尾，人称变成了你们，可是题目是“你”，这显然和题目不符。于是我趁热打铁，让学生进行修改。原文的结尾是这样写的：“茫茫人海中，因为某种机缘是你们伴我成长，陪我走过这一路。点滴的温暖，我会珍惜，视如珍宝。回首，那都是幸福的足迹……”学生们的片段修改如下：

漫漫的成长道路，是你——父母、朋友、老师的关爱，陪我走过这一路的坎坷。点滴的温暖，伴我长大，浓厚的爱意，我视如珍宝。回首，那都是幸福的足迹……

这样一改，学生就把父母、老师、同学身上的共同特质浓缩为爱、陪伴这种无形的情感，紧扣了主题，又抒发了自己的真情实感。

这样的训练，既让学生专心阅读，专注思考，又让学生明白，不是所有发表的文章都是完美无缺的，在做摘录的过程中，我们需要精选，需要甄别，也需要动脑动笔修改。只有这样，我们的写作水平才会不断提高。

3. 仿写小诗，表情达意

叶圣陶先生说："生活犹如源泉，文章犹如溪水，源泉丰富而不枯竭，溪水自然活泼流个不停。"生活是写作的源泉，在教学过程中，我鼓励学生多多观察生活，让学生学会关注社会，鼓励学生写出自己的灵性，这样，作文也就有了"源头活水"。

在指导学生写作的过程中，我喜欢让学生以小诗创作的形式积累素材。每周以不同题目创作一首小诗，只要4句话，然后我把全班学生的小诗整合起来，在全班进行推荐。由于方式新颖，量也不多，学生们创作的积极性高涨。训练一段时间后，学生作文的内容丰富起来，文笔也比原来好多了，正所谓"半亩方塘一鉴开，天光云影共徘徊。问渠那得清如许？为有源头活水来"。例如《心中的微感动》：

（一）

心中的微感动
那是雨天父亲脱下的外套
薄薄的，轻轻的
但是能遮风挡雨

（二）

心中的微感动
那是窗口妈妈久久停留的一道目光
悄悄的，默默的
但是如春

（三）

心中的微感动

那是夏日老师递来的一杯冰水

淡淡的，凉凉的

但是很清

（四）

心中的微感动

那是朋友间闹矛盾后的一句道歉

短短的，淡淡的

但是很真诚

（五）

心中的微感动

积蓄着一抹春意

小小的，不起眼

但是生机勃勃

（六）

心中的微感动

那是匆匆告别时还不忘的一声再见

短短的

但是很纯

（七）

心中的微感动

那是父亲拿着攒了很久的钱为我买的一件衣服

薄薄的，新新的

但是很暖

（八）

心中的微感动

那是父亲在爬山时牵我的一只温暖的手

粗粗的，糙糙的

但是很幸福

这样的写作训练能使学生们在轻松的氛围中写出真挚的文章，积累素材，感受写作的快乐和价值，何乐而不为呢？

以上只是我在平时的作文训练中一些粗浅的做法，实用不高端，简单接地气，这样做有效地补充了当堂作文训练的不足，可以说是“课内课外相结合，零研碎磨炼作文”，于是有了“天光云影共徘徊”的美好效果。

在生活中开发作文教学资源的策略研究

作文教学的两大资源，一是千百年来人类所累积的文化精华，它以文本的形式出现；一是现实生活中的语文资源，以非文本的形式出现。作文素材的累积，往往后者居多。文章是社会生活在作者头脑中能动的反映，而作者文章中用来反映社会生活的写作素材不可能只是单纯地从文本中获得的，也就是说作者必须从现实生活中去发展、去累积、去充实自己的写作素材，这样才能用真情去感知美，用智慧去捕捉美，用语言去表现美，从而练就一支灵动的笔。

要做到笔的灵动绝非一蹴而就，它受到众多因素的制约。对初中生而言，最为重要的是激发和培养他们写作的兴趣，消除他们对写作的恐惧感、无所适从感、无所作为感。生活中源头活水流淌，身入生活，心入生活，开发利用生活中的作文教学资源，走进学生的精神田园，感受他们的心灵世界，构建起教材模式与学生心理图式生成转化的绿色通道，让学生在天赋所及的范围内最大限度地伸展扩散，无疑是提高学生作文水平的一种有效的导学途径。

聚焦生活，作文教学资源就在身边。

1. 创意短信——让灵动的思绪飞起来

短信作为一种新的文本形式和交流方式，已经走进了我们的生活，尤其深受初中学生的喜爱。短信的兴起，标志着一种新的时尚，它引领了一种以手代口、以无声胜有声的交流方式。当我们从面对面的交流延伸到短信交流时，就会发现短信正在改变着我们的生活，也更新着作文教学资源。面对新的时尚元素，作为一名语文教师，要探求学生跟风发短信的原因，从而利用好这一生活中的教学资源，为作文指导开辟新的空间。

短信，除了具有日常交际的信息传递功能之外，也显示了一种运用语言的机智。平常教学中我既鼓励学生摘录健康绿色短信，并按亲情、友情、师生情以及表现自我分类录用，同学间相互推荐，同时又鼓励学生在特定的节日，如教师节、母亲节、中秋节时自编短信互送祝福并择优评比。下面是几则代表性的短信：

A. 有一种瞬间，不染尘俗，无须保证。有的只是一种眼神，赶走所有苦闷；有的只是一声回音，忆起感动一瞬。谢谢你，妈妈！

B. 虽清贫，但也清高；虽平淡，但不平庸；虽“无为”，但绝无愧。有了这样的老师，我们就有美好的明天。

C. 认真是一种态度，执着是一种精神。一种态度也许只能影响一个人的发展，但一种精神可以影响一代人。我并不是缺少认真的态度，只是少了点执着的精神。

D. 面对多找的零钱我怦然心动，面对无人看管的路口我奋勇争先，面对遗失在路上的财物我心中窃喜，但唯一值得欣慰的是，这些举动会在心中埋下深深的不安，下次悄然改过来，还心灵一份宁静。

这些短信，语言简明，语意明确，运用各种修辞手法，如排比、对偶、比喻、拟人，呈现出驳杂纷繁的修辞大比拼，既显示了语言的机智，又体现了精彩的构思。在作文教学中，我们在体味、欣赏这些短信语言生动、感情真挚的同时，又可以巧用短信评点华章。

（1）点题句，醒目明意。这些短信语言规范，在写作时可以指导学生把这些优美的语句结合成语言材料作为点明主旨的中心句，运用到自己的文章中去，如例 A 可以作为《温暖》一文的抒情议论句，例 B 可以运用到《谢谢你，老师》一文，直接抒发对恩师的感激之情。这些短信的语言有感染力，有意有情，生动真切，显示了语言的美。

（2）过渡句，上挂下联。过渡句在文章中承上启下，使相邻的两层意思或段落上下连贯、前后衔接。巧妙使用短信，也可使段落顺利地由前层意思过渡到后一层。如《我的个性说给你》一文，在“我”做事认真有佳、欠缺执着的过渡上，运用例 C 的短信，可以明确地展示叙述重点的转移，使上下文严丝合缝，不会感到中间有什么间隙，且另有一种美的韵味。

（3）内蕴句，融理启思。内蕴句指一种内涵丰富、意蕴隽永的句子，在文中可起到升华主题、阐释内容、创设情境等作用，启发读者思其理、品其情、动其心，这样的句子是文章中最容易出彩的“亮点”。在《心灵的考试》中，我们可以运用例 D 短信，这则意蕴丰赡的短信就是精彩的内蕴句，使得文思文意上升到一个新的高度，大大增加了语言的美感和表现力。

需要注意的是，创意短信并不是在同一篇文章中几种都要用到，这既没有必要，也不大可能。如果能从写作实际出发，用好用活其中一种，表达的效果肯定就会得到提高。

2. 流行歌曲——作文的天空会更美

时下，中学生对流行歌曲有着如痴如醉的狂热。流行歌曲旋律轻松，节奏明快，符合青少年欢快活泼的天性，因而成为校园文化生活中不可缺少的一部分，成为学生生活中的最大“热点”，成为中学生最钟爱的伙伴。我认为，在保证作文训练体系的前提下，把流行歌曲

“拿来”，让流行歌曲与作文教学联姻，使之成为写作训练的材料之一，不失为提高作文教学质量的一种有效途径。

（1）品味歌曲情愫，激发写作兴趣。歌曲《吉祥三宝》让人感受到万物和谐之美，宇宙、自然和亲情的对应与和谐，特别是诚挚温暖的亲情，它与日月同辉，如草木代代荣生。于是在悠扬的旋律中，学生沉浸在歌曲的特定情境中，在充分感受体会的基础上审视对以往类似生活的认识，在比较中深化心灵无意间发生过的感动，留心观察挖掘真实的生活瞬间。同学们心中的情感波澜被掀起，情绪高昂，从本能地喜爱到有意味地理性思考，自觉地从更高的层次上审视歌曲带给人们的启迪，去感悟歌曲的情愫，心中涌动的非吐不快的写作欲望就会溢出笔尖幻化出一行行文字。

（2）挖掘生活源泉，开拓写作思路。优秀流行歌曲是高尚情感的产物，融注了优美感人、积极向上、崇高壮阔、催人奋发的真切情感，流淌着深邃的思想潜流，动人心弦，是不可多得的写作教材。在作文教学中，教师应该利用优秀流行歌曲这一教学资源，让歌曲作为学生深入体验、感悟生活的触发点，启发学生的写作灵感。

《真心英雄》表达了“不经历风雨，怎么见彩虹”的哲理；学生从《一封家书》《常回家看看》所表达的儿女的孝心与爱心中反思：“我们中有多少人心中常有父母，能知道并记住父母的生日或特殊纪念日？又有多少人能在节日里给父母送去一份祝福与关心？‘养儿才知报母恩’这一古老的遗训应不应该在我们这一代继续延续？”学生咀嚼着歌词充分联想、想象，以小见大，合乎逻辑地类推引申，从而补充、丰富对社会、对生活的理性认识。在对优秀流行歌曲的寻宝探幽中，学生的心智得到磨炼，从初步感受生活进入到深透地领悟生活，有效地积累了生活素材。

另外，优秀的流行歌曲的歌词是精心构思之典范，教师可以指导学生学习、借鉴流行歌曲的独特构思、精巧的布局、生动的表现手法，帮助学生大中取小，以小见大，努力使学生的作文达到新、奇、精、深。

3. 绿色摘抄——作文精华的源头活水

作文用词要准确，就必须积累词汇；感情要真挚，就必须积累感情；构思要新颖，就必须积累各种结构、素材及提炼方法；立意要高深，就必须积累思想。没有积累的冥思苦想只会使人疲倦而一无所获，正所谓厚积而薄发。因此，作文教学，必须大量地阅读，不断地积累。而摘抄是材料积累的重要手段，也是开拓创作的源泉。

怎样才能使摘抄在作文教学中得到有效地运用呢？我在十几年的语文教学中，经过摸索与实践，积累了一些经验。我在教学中运用了一些简单的可操作的方法：

（1）规定话题。古人云“劳于读书确可逸于作文”。我要求每位学生必须有一本摘抄本，让他们每天坚持看一篇文章，并做好读书笔记。

初一时，我规定学生摘抄的内容可以是作品中的词句、谚语、格言、警句、精彩的描写等，只要是自己喜欢的，内容健康的就行。后来，逐渐增加了“百字点评”，让学生用一百字左右的文字写出自己对某段话的理解，然后在班级中交流。这主要是为了激发学生读书的兴趣，养成读书的好习惯，使学生认识到读书是生活中不可或缺的一部分。

到了初二，我要求学生每天按照规定的话题去寻找文章读。我每天规定一个话题，如感动、选择、责任等，只要与该话题有关的文章都可以。而对摘抄也做了规定，要求必须摘抄文章的开头、结尾，中间的内容可以用简要的语言概括。另外，可以选取文中的一段话背诵并仿写。这样，一方面杜绝了少数同学偷懒的情况，另一方面可以帮助同学们提高对某一问题的认识。

（2）化整为零。摘抄句段是因为要在作文中充分地运用，这就需要学生能够把这些好的句段记在脑子里，随用随取，不可能在用到时再去翻开本子查找，因此我要求学生每天根据话题选取文中的一段话背诵。任何一件事如果只有布置没有检查都是做不好的，摘抄也一样。我把检查背诵的时间放在课前三分钟，进行随机抽查。这样既达到了目的，又不占用学生整块儿的时间。后来，只要上语文课，教室里就是一片背书的热闹景象，形成了很好的氛围。为了使同学们不至于忘记前面背过的东西，每星期我都专门安排一个早读课让大家大声朗读摘抄本。

（3）持之以恒。鲁迅先生说过:“文章应该怎么做，我说不出来，因为自己的作文是由于多看和练习，此外别无心得和方法。”因此，要想提高作文水平，在多读的基础上还得多练。平时，我要求学生每天根据话题选取文中的一段话背诵，并进行同题仿写。这样就使同学们对问题能有较深刻的理解，逐渐地养成深入思考的习惯，在写作文时不至于不知道如何提炼主题。在作文课上，我们结合作文的系统训练进行仿写。如在学习记叙文开头方法时，我就同一个作文题目，让学生仿造不同的写法来开头；在学习结尾的写法时，要求学生要用富有哲理性的语言揭示文章的主旨。另外，我还将仿写与周记结合起来，让同学们有更多练习的机会。

（4）厚积薄发。“熟读唐诗三百首，不会作诗也会吟。”积累丰富了，说话时，好词佳句就会脱口而出；作文时，语言就会生动而丰富。经过一段时间的积累，同学们的语言逐渐丰富起来。为了引导同学们将积累的内容运用到文章中去，每过一段时间，我们就举行一次读书交流会，针对某一个话题，结合同学们摘抄的不同的文章，从开头、结尾的方法，立意的角度，材料的选择等方面进行交流，以开阔同学们的视野，使其掌握写作技巧。另外，在每次的作文和周记中，我都要求同学们按照要求做好批注，如用红笔标明开头使用的方法，在结尾处用浪线画出揭示文章主旨的句子等。总之要让学生经常不断地运用其摘抄的东西，这样才能真正举一反三。

诚然，课堂上学到的写作知识是有限的，而我们生活中的作文资源是无限的。我们要鼓励学生在日后的学习生活中，睁大自己的双眼，去发现、学习自己身边的语文，生活中的语文。我以为在作文课的教学中，假如大家都能用好生活中的作文资源，就能更好地培养学生的创新精神和实践能力，作文教学就能更绚丽多姿。

应用文教学

创设研学主题，写出游记品质

——以《参观张溥故居》为例

在学习统编版语文教材八年级下册第五单元游记专题的四篇课文和游记写作知识短文后，学生基本了解了游记写作的一般知识和写作注意点。大部分同学都能够写一篇移步换景、交代游踪的简单游记，但要完成一篇有内涵有品质的游记还有相当困难。

为了解决学生游记写作的问题，我以《参观张溥故居》为题，把游记写作活动视为一次研学活动来组织和实施。具体指导过程如下：

1. 拟制主题研学方案，组织实地参观

初中学生的空间概念不很强，有许多学生也没有去过张溥故居，仅凭老师一张嘴，任你天花乱坠地演讲，也不能解决根本问题。所以，需要组织学生实地参观，认真观察，亲自感受，有了现场、直观的画面，获得感性的认知，才能进行第一次写作。

我和学生一起，拟制主题研学方案，并完成现场参观。以下是主题研学方案的要点：

研学目的：张溥故居游记写作。

研学主要内容：（1）分小组组织实地参观。可以聘请导游，也可以选择小组中曾经去过且对张溥故居比较熟悉的同学当导游；小组内

做好合作分工，有观察的、摄像的、记录的、询问或访谈的，及时做好观察记录；参观过程中，能够从总体上把握张溥故居的建筑结构、布局特点、民居风貌，尽可能多地了解张溥其人。（2）以“明代民居建筑”和“张溥其人其文”为两个研学主题，分小组制作专题学习网页。（3）完成第一次写作并全班交流，找出写作存在的缺失美感和思想内涵等问题。（4）根据提升游记写作品质的要求，形成校正量表，或修改完善或重新写作。

注意事项：特别提醒游学安全。

根据主题研学方案，各小组在组长带领下，利用双休日时间，分头到张溥故居实地参观，完成研学方案的第一项主要任务。（具体内容略）

2. 根据两个研学主题，制作专题网页

如果学生对写作的具体对象不能做深入全面的了解与研究，那么要想写好作文是完全不可能的。游记写作更是如此，只有一次参观，了解一些概貌，要写得内容充实是很难的。参观后，同学们真的感觉到，虽然张溥故居就坐落在自己的家乡，但对这种明代民居住宅的建筑特色和风格依然是知之甚少，也很难用恰当的语言来表达；对张溥的事迹、品格、诗文等同样了解得太少，甚至谈不上一知半解。

根据研学方案的安排，各小组结合现场参观，开始了专题网页的制作。同学们通过去图书馆查阅资料、网上搜索等方式，经过编辑制作、风格设计等过程，用了两天时间，围绕两个主题，完成了各小组的网页制作，“明代民居建筑”“张溥其人其文”两个研学专题平分秋色。然后，以校园网和班级微信群的方式，相互转发，进行共享。

围绕明代民居建筑，网页中提供了相当丰富的内容。这里从中摘取几个与游记写作紧密关联的知识点：

（1）明代民居建筑的规定和严格等级。明代初期，对住宅的等级划分严格。官员造宅不许用歇山及重檐屋顶，不许用重拱及藻井。公侯和官员的住宅分为四个级别，从大门与厅堂的间数、进深以及油漆色彩等方面加以严格限制。至于百姓的屋舍，则不许超过三间，不许用斗拱和彩色。明代等级制度的森严在住宅形制上有充分表现，但逾制的现象也十分普遍，至今江苏苏州一带的民居中，仍保存着一批十分精美的贴金彩画和砖石雕刻。

（2）张溥故居的规模和特色。张溥故居位于现今太仓老城区新华西路57号。始建于明代天启年间，距今约400年。这是一座保存比较完整的一落三进的尚书府第。建筑富有特色，体现了明代建筑典雅稳重、做工讲究的特点，尤其是细节装修处的精美，呈现出细腻、雅净的特点。仪门上的石雕、房屋硬山山顶的雕花、梁上雕花木板，工艺技术精美，令人叹为观止。古建筑专家、园林专家陈从周称其具有很高的建筑艺术价值和历史纪念价值，展示的是古代江南民居的建筑特色，是明代一品府规制的代表建筑。

（3）张溥一生不仕，为什么会有一品府第呢？据相关史料记载，张溥故居原是张溥伯父、明崇祯时工部尚书张辅之的宅第，后为张溥所得。

（4）一落三进。即一座房子，三层院落。四合院就是由三合院前面又加门房的屋舍封闭而成。若呈“口”字形的称为一进院落；“日”字形的称为二进院落；“目”字形的称为三进院落。一般而言，大宅院中，第一进为门屋，第二进是厅堂，第三进或后进为私室或闺房。而在张溥故居，人们习惯称这三进为前厅、中堂和后堂。

（5）走马楼。可以理解为在连廊中骑马观楼。张溥故居的最大特色是保存了明代特有的通转走马楼房屋的风格，即第二进的中堂楼和第三进的后堂楼呈 H 型，上下、前后都是用廊贯通，即楼相通，廊相通，从外看只一楼，沿廊走入，楼里有廊，廊通外楼，相互串通，四面通达。其中堂楼和后楼组成的通转走马楼，俗称“迷宫”。

围绕张溥其人其事，小组在网页制作中，设计了张溥生平思维导图、张溥的身份证；创作了张溥颁奖词、张溥七录斋小故事讲述，虎丘大会盛况故事会；辑录了张溥的文学作品选读，特别是《五人墓碑记》全文，以及张溥和复社及东林党的介绍等内容。（具体内容略）

有的小组网页还写了专评《江南建筑风格谈》，有的小组到“学习强国”平台找到了“明代建筑”小视频。

学生们通过制作这些专题网页，关于写作内容的难题便有了突破，在此基础上，我才让学生们开始游记的第一次写作。

3. 展示初作成果，寻找提升的空间

朱光潜先生在《写作练习》一文中说：“研究文学只阅读绝不够，必须练习写作。”对于游记写作也是这个道理。虽然在内容上有了两个主题项目的突破，有所知，亦能有得写。但能不能写好，又是另一个问题。因此，在学生们参观游览和共享网页之后，我迅速安排学生进行初次游记写作活动，限时完成，并及时交流，共享进步，发现不足。

虽然初作的成果，从整体上看，依然不是很理想，但还是有少数同学的文字让人喜欢，比如，有同学这样写门前照壁：

张溥故居位于太仓老城区新华西路 57 号，这是一条经过改造后的水乡老街，街南侧为一条幽深狭窄的河道，河道旁植树木花草，石凳凉亭参差错落其间，安逸而闲适。一座三折砖雕照壁枕河而建，高

约四米，长十余米，颇为显目。壁前矗立着一尊汉白玉雕像，那便是张溥了，只见他一身布衣，双眉紧锁，神色凝重而激愤，左手手握书卷，右手举到胸前，似乎想诉说着什么……

存在的问题同样也是明显的，且直接影响游记写作的品质。

有个小组是这样点评的：

我们的练笔，有的是游踪交代，缺少的是在某个观察点上的细致描写，缺少变化，更缺少美感；有的是文献资料的堆砌，缺少的是转换成自己的语言，特别是和游记语言相匹配的语言风格，显得生硬。

还有个小组是与课文对照来写的：

同学们的练笔是认真的，游记写作的形式是有模有样的。可惜的是没有吸引人眼球的表达。看不到如《壶口瀑布》的磅礴气势，也没有《在长江源头各拉丹东》的壮美景色，也没有《登勃朗峰》那变幻的光影和传奇的色彩，更没有那神奇的《一滴水经过丽江》那样奇幻的生命旅程和饱含的情感。

4. 形成游记写作量表，或修改，或重作

清人唐彪曾经说过，文章不可能一写就佳。事实上，游记写作更需要拾级而上，从形式到内容，再从内容到表达。从写作能力的提升来说，必须从基础等级提升到发展等级。

以上问题，如果做一个简单归纳，应该是如何写出高品质游记的问题。具体来说，还有可以提升的空间。一是本次游记写作的价值意义，二是本次游记写作的语言表达艺术，特别是审美趣味。如何提升？我根据专题研学预案，发动学生集思广益，师生共同形成修改完善或重作此篇游记的达标支架，即等级提升量表。

级别	特质描述	资料来源
基础等级	1. 游踪要交代清楚	根据实地参观游览确定
	2. 要有自己的所见和所感	各人所见所感可以不同
	3. 要有详有略，突出重点对象	可结合网页共享的内容
	4. 要有记叙、描写、议论或抒情	可参见相关的阅读课文
发展等级	1. 突出建筑的特点或风格	结合“明代民居建筑”专题等
	2. 突出故居主人品格或精神	结合“张溥其人其文”专题等
	3. 要有故事性和人文性	可借鉴《登勃朗峰》
	4. 要有时代意义或价值	可借鉴《壶口瀑布》
	5. 语言优美，写作有一定的创意	可借鉴《一滴水经过丽江》

游记写作从表象来说，是交代游踪，描写景物，记下游历感受。而真正体现游记品质的应该是思想内涵和审美价值。著名作家徐迟在《漫谈游记》中说，一篇好的游记，不只是游踪与景物，还要有“政治经济情况”“历史地理背景”“社会风土人情”，最好还要“有人有事”。有了风土人情，自然就会有人性美和风俗美；有了政治经济情况和历史地理背景，自然会有厚重感、厚度和思想文化的分量。当然，好的游记，语言一定很美。

随后学生根据游记写作发展等级的五条标准，对自己的初作练笔进行修改、补充或重新写作。学生二次加工后的文章，有了相当多的亮眼文字。例如：

我们进入前厅，首先看到的是一尊张溥的青铜塑像，位于厅中央。塑像仍然左手握经书，右手下垂，神态与门前的相比稍微平和些，但还是那样凝重与忧虑。塑像两侧的立柱上是楹联：“承弇州，启梅村，一代文章在娄水；继东林，匹几社，千秋山斗仰天如。”“弇州”指王世贞，明代“后七子”领袖。“梅村”是张溥的学生吴伟业的字，吴伟业是“后七子”之一。“娄水”出太湖，穿苏州娄门而东，至太仓入长江，为太仓代称。“东林”指顾宪成、高攀龙等创办的无锡东林书院，以教书育人、议论时政吸引大批学子。后东林志士被魏忠贤阉党杀害。“匹几社”指张溥将诸多文人社团合并成立复社。“天如”是张溥的字。这副楹联不知出于谁手，字迹雄浑，苍劲有力，是对张溥一生的概括，太仓的“一代文章”，文人的“千秋山斗”，这一点，仅从《五人墓碑记》中，便可见一斑。大厅正梁上高悬“孝友堂”匾额，匾额下挂有六幅字屏，内容为范仲淹名篇《岳阳楼记》，用隶书书写，古朴庄重，似乎是对张溥以国家和民族兴亡为己任的人品注解。伫立像前，凝望张溥，中国文人将国家的前途命运系于己身，不忘初心使命，这种爱国情怀是何等的高尚、纯洁！

这段文字，紧扣参观所见的楹联，恰当解释，结合人物生平事迹和时代历史背景，辅之以匾额和《岳阳楼记》的六幅字屏，细致而逼真地写出观察所见，更借助阅读与联想，丰富和充实了游记的内涵。字里行间渗透着一个参观者的思想与情感，又借助长短句的交替使用、诗文引用和四字短语的嵌入，让文字有了不同一般的感人力量、时代意义和审美快感，也让游记写作臻于“用心行走”的境界。

这次的游记写作最终较为成功，有两点值得总结：一是把游记写作设计为专题研学活动，通盘规划，综合实践；二是在这个专题研学活动过程中，不断发现问题，寻找对策，进而解决问题，在丰富多彩的情境写作活动中一步一步地实现突破，让游记写作有了思想价值和美感意蕴。

古诗文教学

古文教学中开放性复述的运用

复述，就是学生在对课文内容了解的基础上，用自己的话对教材内化、整理和表达的过程。复述能力是听说能力的重要组成部分，在语文课堂教学中，培养学生复述能力，这对于训练学生的口语表达，提升语感有着重要作用。但是复述这一教学设计，很多老师都运用在现代文教学，尤其是在小说教学中，古文教学往往是复述的教学盲区。

根据教学实践，我认为，在古文教学中运用复述这一普通的教学手段，能达到事半功倍的效果，理由是：

第一，这是由古文教学的特点所决定的。古文不同于现代文，学生首先要读，读懂字、词、句。有些古文中的字词不同于现代汉语，我们称之为特殊用法，比如通假字、词性活用字、一字多义字。了解古文内容，首先要理解这些字词在具体句子中的作用，然后才可以用自己的话对课文进行理解性复述，这样有利于学生在有限的课堂里，熟记古文中的特殊词语，促进学生古汉语知识的积累。

第二，这是由学生的认知逻辑能力所决定的。我所指的复述不是消极地、被动地背课文，也不是简单地介绍课文大意，它要求学生在记忆的基础上，把课文文字转化为自己的语言，清楚、流畅、完整地把教材内容提炼出来，它是对古文内容的再理解，是把古代汉语知识体系与现代汉语进行重组整合。这对提高学生思维的逻辑性有不可替代的作用。

第三，这是由师—生—教材三位一体教学理念所决定的。古文教学任务的完成是教师与学生通过研究古文教材来实现的。学生在复述前，必须熟读古文，然后根据自己的理解改写课文，用自己的语言表达教材内容。因此在古文教学中，复述课文有利于教师组织课堂教学，推动学生主动学习，有助于师—生—教材三位一体的和谐。

当然，不是所有的古文教学都必须运用复述这一教学方法，按照教学内容的重点、教材特点以及学生接受能力，我们可以在古文教学中采用以下复述形式。

1. 故事串讲式

所谓故事串讲，就是在古文教学的过程中，疏通文意之后，用自己的语言对古文材料中的景、情、人进行概述，然后学生以讲故事的方式向全班同学展示。这类复述适合故事性比较强的古文，比如《赵普》《黔之驴》《记承天寺夜游》等。采用故事串讲式复述，有利于学生课堂上识记、理解、整合教学内容。学生在复述时，要对教材中重点的词句和内容进行记忆，教师也要引导学生对课文内容、重点段落、中心结构进行深入理解，准确把握，以便为学生复述课文做好铺垫。下面以《黔之驴》为范例进行讲解。

根据文言文教学的“文言并重”原则，我在教学环节设计中采取了朗读、翻译、赏析相结合的方法，力求做到让学生能在了解故事情节、分析动物形象、剖析本文寓意的过程中体会到文章生动精炼的“言”和精妙深刻的“文”，同时也运用了故事串讲式复述。

故事串讲式复述秉持着锻炼学生语言表达能力和感知能力的初衷，其设计目的在于使学生在初步朗读课文之后，能理清故事情节，初步了解文中的两个对立形象，在分别以驴和虎两个对立形象为中心的条件下复述故事，充分掌握本文的故事情节，并初步体会两个形象之间的鲜明差别，为接下来分析形象的环节夯实基础。

《义务教育语文课程标准（2021 版）》中关于第四学段的阅读要求指出："在通读课文的基础上，理清思路，理解、分析主要内容，体味和推敲重要词句在语言环境中的意义和作用。"复述环节的设置，正是给了学生一个能够在任务的驱动下仔细阅读课文内容、分辨课文不同形象、理清情节思路的重要机会。

在请同学们复述情节的过程中，我尝试着采用变换复述主体的方式：从驴的角度进行复述的同学能够对驴的来历、驴的本领以及驴的结局进行比较到位的复述，甚至有的同学能够在初读课文之后，就对驴的心理进行揣摩；从虎的角度进行复述的同学，能够对虎的行动进行一个初步的复述，对虎的心理有一个大体的了解，大致能够理清本文"惧驴—识驴—吃驴"的过程。

《义务教育语文课程标准（2021 版）》中对学生学习语文核心能力作了界定：从类型上说主要是阅读能力与交流能力，从生长角度上说主要是思维能力。那么在这个环节中，学生不仅锻炼了语言组织能力，更是在复述的过程中锻炼了思维，在对阅读课文所获取的信息进行收集、感知和整理的一系列行为中锻炼了学生的逻辑思维和对文章的分析能力。经过这一环节，学生对课文的内容和表达有了自己的心得，在下一环节中对驴和虎细致的心理变化的认识以及对它们形象和寓意的剖析，也就更加水到渠成了。

2. 改错纠正式

从字面上看，这种形式的复述就是教师为复述主体，在复述课文时，故意出错，让学生辨识、纠正，从而达到正确掌握文章中一些特殊用法的词语和句子的目的。采用此类复述，不仅训练学生专注地听，而且在听的过程中考查学生的思辨能力，最后学生根据自己对课文的理解，指出病理，纠正错误。通过这样的训练，学生课堂的语言表达在不知不觉中得到了提高。我以《赵普》一课为例，讲述改错纠正式复述。

课文通过记述赵普刻苦读书和奏荐人才两件事，生动地刻画了这位北宋名臣的形象，是一篇刻画人物形象的佳作。

在设计分段梳理的教学环节时，究竟怎样让学生既投入课堂学习中又能确实有所收获，成了很大的难题。我想到了在文言文教学中应用普遍复述课文的方法，并尝试创造性地运用这种教学方法。

请同学们用两分钟时间仔细阅读文章第一段，然后尝试判断黑板投影上的四个判断题，并且要在原文中找出你判断的相应证据。

（1）赵普年轻时练习官吏应处理的事务，因此他学问不多，等到做了宰相，太祖常劝说他读书。（习：熟悉）

（2）赵普读完书后的第二天，处理政务时，判处死刑很快。（处决：处理决断）

（3）赵普去世后，家人（打开）了他的书箱，看到《论语》二十篇。（发：打开）

（4）“读之竟日”，读书整天。翻译过来应该是整天读书的意思。

通过纠错，学生了解了古代汉语“习”“处决”“发”的特殊含义，以及“读之竟日”这一倒装句式。

第二段相对来说比较长，我先给学生复述，在复述的过程中故意设置了四处错误。

赵普性情沉着且为人严肃刚正，虽然很多时候对人忌妒刻薄，但是他能够以天下大事作为自己的责任。宋朝初年，在宰相职位上的人，大多斻脏、不干净（过分谨慎，拘于小节），按常规办事，不多言语，赵普的性格却刚毅果断，没有比得上其他人的（没有谁能和他相比）。他曾经上奏推荐某人担任某个官职，太祖不用这个人。赵普第二天又上奏推荐这个人担任该官职，太祖还是不用。第三天，赵普又把这个人上奏推荐给太祖，太祖发怒了，撕碎的奏折扔在地上（把赵普呈上的奏章撕碎了扔在地上），赵普的色彩（脸色不变）不改变，跪在地上把撕碎的奏章拾起来回家。过了些日子，赵普修补了撕碎的旧纸片，又像当初一样上奏。太祖才明白，终于任用了赵普推荐的那个人。（强调：①“碎裂”的使动用法；②两组古今异义）

孩子的天性是“较真”的，因此我设计了判断题和纠错题两类问题，借此帮助他们读通文章。文章第一段较短，因此结合文章内容和人物形象设计了四个简单的判断题；第二段记述了赵普奏荐人才这件事，是文章的重点内容，我在判断题的基础上进行修正补充，进行四处小问题的复述。这样，同学们既能够专心致志“找茬”，又能在这个过程中掌握文章内容以及人物形象。

学生们在这两个环节尤其投入，为了能够指出老师犯的错误，他们愿意认真仔细地倾听老师的复述，然后在书上进行标记。这样的教学环节，不但能让学生高效掌握重要的内容，还能让学生在书上做上重点的标记，促进他们的学习。发现错误之后，他们急于表现自己，课堂的活跃度也就相应提高了。《义务教育语文课程标准（2021版）》第三部分“实施建议”的具体建议中指出：“在阅读教学中，为了帮助理解课文，可以引导学生随文学习必要的语文知识，但不能脱离语文运用的实际去系统地进行讲授和操练，更不应要求学生死记硬背概念、定义。”古文教学也是如此，因此这节古文课设计纠正式复述这一环节，从践行课程标准的意义上来说是成功的。

3. 越界创意式

学生对古文知识的掌握有一个由易到难的学习过程，复述这一教学手段也应根据学生对古文的认知过程在初中各学段中侧重点不一样。在实际教学中，教师不能单一地使用一种程序设计，有时不妨“越界”一下。

何谓越界创意复述？就是在古文教学中，学生在理解了字词句段以及课文精神的实质、作者的爱憎之情，记住一些重要的词语和文章的结构层次之后，不仅能运用所学的古文知识，还能调动以往的语文知识，将古文以诗歌、散文的方式加以呈现。

这类复述适合九年级教学。例如《与朱元思书》。这是吴均写给朱元思的一封书信，作者仅用 144 个字便生动逼真地描绘出富春江沿途的绮丽风光，表达了自己的赞美之情，也说明自己之所以能够超凡脱俗、与世无争、寄情山水，是因为富春江的山水太美了。

那么，富春江美在哪里呢？在教授此课时，我以鲁迅先生的三句话串起了整个课堂框架。第一环节，音美以感耳：重点在读，读准字音，读准骈文。第二环节，形美以感目：找寻美点，赏析佳句。第三环节，意美以感心：知人论世，了解主题。在符合学生对古文认知规律的前提下，我适时地让学生进行越界复述。我先进行铺垫，展示叶文玲《乌篷摇梦到春江》中写富春江景色的语段：

一条银练素带在前方闪闪烁烁起来，你兀的眼前一亮，倍觉这碧波粼粼一江水的鲜活可爱；待盼到归程荡舟起桨开始真正的春江游时，这漾波漫流的大水，更令你陶然如醉，神魂飞扬，彼时，你纵有千种愁思万般忧，也将全部消融在这一江碧玉里。

…………

我还想，富春江的娇，也在于她的色泽，无怪她有“第二漓江”之称。那江水，真是澄于湖海碧于天，活脱脱是天神地母拣尽翡翠绿玉铺就的。行在江上望两岸，只见千嶂染翠，峰峰岭岭尽都浓浓淡淡地绿进去；立在船头看江心，只觉水底天上的云絮，一朵朵一团团，俱是深深浅浅地绿出来，真难说是山染绿了江，还是江浸绿了山，无怪朋友们相视叹曰：喔，一到富春江，眼瞳都是绿的！

我让学生大声朗读此段，找出和《与朱元思书》中表达有异曲同工之处的语句，然后启发学生：这些文字其实是用散文化的语言对本文进行创意性改写，那么如果用诗歌呢？我们不妨依据文本内容，写首小诗。

学生兴趣盎然，最后完成了诗歌创作：

阳光明媚，
天高云淡，
山色苍翠，
奇异独绝。

这水
晶莹清澈

仿佛透明似的，
可以一眼见底，
连那倏来忽去的游鱼，
水底累累的细石，
都可以一览无余。

这水
有时又迅猛奔腾，
一泻千里，
使人感到惊心动魄。

这山
仿佛有无穷的奋发向上的生命力，
它们仿佛要挣脱大地
直上青天，
欲上不能，
便“千百成峰”，
层峦叠嶂。

空山幽谷之中，
枝密林茂，
浓荫蔽日
泉水叮咚，
百鸟和鸣，
知了叫个不停，

猿猴啼个不住，
这些欢快的声音
汇成一曲对生命的颂歌，
那是
自然、自由、生命
还有人生追求。

这样设计复述教学环节，我认为作用有三：

首先，学生对课文中的字词句修辞等古文常识，从表面的理解活化为正确的运用，真正读懂了课文。

其次，诗歌相对于古文教材篇幅要求简短，表达要精当，这就需要学生在复述时筛选内容，捕捉教材中的关键信息，提高了学生信息筛选能力，真正读准了课文。

再者，学古文，读是前提，是关键；写是目的，是归宿。只有读写运用自如，才能真正达到学好古文的目的，这种越界式复述在潜移默化中对学生的写作表达能力有了助推，真正读活了课文。

当然复述的类型远不止这三种，我只是基于自己的教学实践，对以上三种复述类型进行了阐述。著名的语言学家邦文尼斯特说过：“思维的可能性总是和语言能力不可分离的。”开放性复述在古文教学中是一种创造性思维的语言活动，通过这个活动，学生能慢慢地领悟到古代汉语的博大精深，在运用新知识，联系旧知识的语言串联过程中，提高了听课效率和正确处理语言的能力。

多媒体的思考

美，要恰到好处

随着新一轮教改的全面展开和现代教育技术在各科教学中的广泛应用，多媒体辅助教学逐渐以直观生动的特点和强大的交互功能，弥补了传统教学手段表现单一的缺陷。利用多媒体教学打破了传统的课堂教学模式，给学生紧张的学习生活多了一份乐趣，添了一份光彩，增加了一种美。它具有生动、形象、直观、全面调动学生感觉器官的特点，同时也具有超越有限的教学时空的特点，为此受到了广大师生的欢迎。

随着现代教育技术的推广普及，语文课采用多媒体教学成了许多教师努力尝试的教学模式。经过一段时间的教学实践，我认为，多媒体教学对于提高教学效率、有效利用课堂45分钟、拓展课程资源、扩大知识容量，以及丰富学生的感知、发展学生的思维、培养学生的阅读能力和审美情趣、激发学生的学习兴趣有着独特的作用。但是，作为教学的辅助工具，使用多媒体的目的是为了实现学科教学目标，所以，更重要的还要看教师的教学过程和使用的方法是否科学。

（一）在运用多媒体追求课堂模式“美”的教学过程中，存在着一些不可忽视的误区，从而使这种美变了形，变了味。具体表现有如下几种:

（1）美的意境变成了简单的图片。语文是一门讲究形象思维的学科。在语文课上，老师为了让学生形象直观地感受课文内容，往往会选取许多图形图像制作课件，但是通常容易忽略一个问题：语文不是因图像而形象，而是通过语言文字生动形象的描述激发学习者的形象思维，在大脑中呈现出相关的具体图景。当然，用现成的图形图像给学生以形象直观感受的动机是正确的，但是也要注意到这样做往往以他人的想象而取代了自身的想象，忽视了个体差异，制约甚至剥夺了学生的想象空间。如在教学诗歌中，就不能通过大量的图形图像把抽象的诗文意境演示出来，而应在帮助学生理解语言文字的教学过程中把文字还原成图片，并通过图片的制作来加以感受和表达。我曾观摩过一堂市级公开课，上的是李煜的《相见欢》，授课老师把这堂课制作成了动漫式的课件。一位亡国之君，满怀着家仇国恨，内心的忧愤岂是几张幻灯图片所能展现的？学生只有在作品中吟哦讽咏，感受文字传达的意境，借助于想象，才能融进作者的心灵世界。所以，展示图形图像不能代替阅读主体的想象，就像观看电视剧不能取代阅读文学作品一样。

（2）美的朗读变成了直观的视听。多媒体课件集声音、图像、文字等多种信息于一体，极大程度地满足了学生视、听等感官需求，激发了学生对多媒体课的兴趣。于是，很多教师便在这一方面大做文章，在课件中集中了大量声音图像信息，并在课堂上充分运用，但课堂上学生读书的时间越来越少，读书声越来越小。很多非语文学科的老师在听了语文课之后都会说，我们的语文课已越来越不像语文课。这应该是给那些只注重多媒体课件的多种信息的融合的教师的最中肯的评价。很多课文，特别是经典散文，需要我们慢慢去咀嚼、品味语言的朦胧美、模糊美。如果用具体、生动的画面去代替，会破坏作者给我们创设的美妙意境，这种偏差对我们的语文教学造成了不必要的资源浪费。忽视了语文学科的工具性和人文性，在学生的健全人格和审美能力的培养方面就会存在缺陷。

掌握语文工具离不开读这一环节，“读书百遍，其义自见”，传统教学法非常讲究阅读。古今中外文学作品中精彩的语言只有经过反复诵读、感悟和理解，才能从中获得营养。“读、写、听、说”中，“读”摆在首要位置，离开了读，语文教与学则是无本之木，无源之水。对于某些可读性很强的散文或诗歌，再优美的画面也难以帮学生领略语言的精妙处。

（3）美的交流变得苍白机械。语文教学是表情达意的过程，教师的情、学生的情、作者的情三者融为一体，体现于语文教学的整个过程。因此整个教学既自主又合作，既自动又互动，达到师生交流、生生交流的境界。鲁迅在《从百草园到三味书屋》一文中，回忆他的私塾老师读书时的样子，对他如何仰面闭眼后倾的动作神态写得相当细致，令人难忘。于漪老师在《往事依依》中，也生动记述了自己的两位国文老师，他们上课朗读时“那充满情感的身子左右摇晃的样子”深深感染了学生。由此可见，教师在课堂上的语态对学生的影响是很大的。教师的语言、动作、眼神，甚至微笑，是传递信息的重要手段，能增强教学效果，增进师生的感情交流。因此，过度地运用多媒体辅助教学，容易忽视教师自身的书写和示范作用，这不但会降低学生对语言文字的追求，还影响了师生的交流。运用多媒体上课时，学生的注意力只集中在显示屏幕上，交流基本上是在学生与屏幕间进行。忽视师生间的交流，让电脑全盘代讲，也是运用多媒体课件进行教学时容易产生的误区之一。有些老师把教学的每一步骤都做成了课件，用电脑取代了书本，而教师则成了一名电脑操作员，忙于操作、解说，学生并没有得到情感的体验，思维也未得到拓展，师生间的交流显得很苍白。例如，在教一些优美的写景抒情散文时，不少教师往往只是匆匆地组织学生朗读一下课文，然后就用大量时间放映有关的风景画面；教学有关名山大川、花木鸟兽的课文，或是写作这方面的作文，教师不惜花费大量时间精力，制作、放映相关的多媒体课件，却忽视了情感的投入，用表面的热闹掩盖了真情的流露。这些课件固然能让人耳目一新，带给学生一时的强烈视听冲击，引起多种感官的兴奋刺激，但也只停留在表层上，无法引导学生把握文本深层的灵魂，淡化了语文人文性的特点。如果在语文课上没有了教师的激情引导，缺少了语文课应有的思想、感情上的交流和沟通，师生情感的纽带被割断了，这样的语文课还有什么意思？

（二）怎样在语文教学中有效地结合多媒体辅助教学手段？我认为恰到好处，才能展现美。

（1）美要适时、适当、适度。适时是指要抓准时机。如上课开始，学生情绪尚未稳定时；课堂中，学生对有些知识感到枯燥时；课将结束，学生开始疲劳时。在这些时间里使用多媒体，可以激发学生的求知欲望，提高学生的学习兴趣，集中注意力。

适当即在适合运用多媒体处使用，有些简单易懂的内容用多媒体反而会浪费时间。

适度即一堂课多媒体的使用要有所节制，如果多媒体表现种类用得过多、时间过长反而会有负面效应，分散了学生的注意力，冲散了教学重点。

总之，教师要在教学前认真钻研教材，抓住文章的重点和难点，在适当的时间、适当的地方用上精心设计的课件，才能起到事半功倍的效果。

（2）美要讲实效、情境、规范。过繁、过杂、过于花哨的课件会分散学生的注意力，反而影响教学。所以课件操作界面要简洁明了，层次分明，给人以清晰有序的感受。课件的构思要巧妙，有利于突破教学的重点和难点，并能创设让学生去想、去说、去感悟、去体验的教学情境。课件设计还要规范，标识文字尽量采用常用字体，声音的处理要融洽柔和，画面要美观大方，给学生优美的视听效果。

语文是人们交流思想、表情达意的工具，语文教学就是要教会学生用语言文字表达自己的思想情感。如果老师被多媒体软硬件所取代，师生的感情交流就无从谈起，那么语文教学也失去了自身的魅力。因此，在制作多媒体课件时，要注意融入情感调动因素，如音乐、朗读录音等。在使用多媒体教学时，要关注课件运行过程中学生的情绪变化，及时调整教学的进度和启发方式，用积极的情感交流带动知识的学习运用。

（3）美要有互补、有尺度、有拓展。语文是一门工具学科。为了体现其工具性及其在各个学科中的运用，语文教材内容选材广泛，天文地理、历史风情都有涉及，学生的知识面显然不足以覆盖这些。为了帮助学生理解课文内容，教师势必要补充相关资料，创设相关情境。特别是一些说明文和具有深远历史背景的文章。为了创设情境或介绍相关知识，语文老师在教学这些课文时，往往会利用多媒体课件展示有关素材，介绍说明对象，介绍有关历史背景，加深学生对它的认识和了解。此外，在课文阅读教学中，我们也会经常遇到这样的情况：有时对课文情境的体会“妙不可言”，只能意会，不可言传。这时语言显得苍白无力。当传统的“教育者—教育对象”模式遇到挑战时，就必须采取“教育者—教育媒体—教育对象”这种新的教学方式，才能把不能言明的“妙处”通过电化教学传达给学生。这里就要注意把握尺度，因为语文课的主要任务是传授语文知识，培养语文能力，而非让学生掌握课文的说明对象。例如在上《宇宙里有些什么》

一课时，为了让学生更好地了解宇宙，我特意搜集了大量关于天文学知识的精美图片，在课堂上精彩演绎一番。然而，通过课后的调查和作业情况才发现，一节多媒体课我误导了学生该接受的重点，以至学生连出现的很多基本的说明方法和使用这些说明方法的好处都没有认识清楚。事后回想，这不就是没有正确处理好边缘知识和语文知识的关系而导致的吗？

总而言之，多媒体手段在语文教学中的运用能大大增强教学的效果，提高教学的效率，但我们在大量运用现代化教学手段的同时，也要冷静，忌盲目，不能忽略语文学科本身具有的特点和传统的教学规律，应该根据实际需要，努力寻求它和教学手段的结合点，真正发挥其现代性特点，从而让这朵高科技之花美得恰到好处。

下 篇

语文教学之行

散文类

以段落朗读带动全文阅读

——《绿》教学设计

教学目标

1. 体会作者多角度细致描绘景物特点的方法。

2. 学会在朗读中读懂文章，读出问题，读出自我。

3. 感受文中所跳动着的作者对生命的热爱，对新生活的希望和激情。

教学重点

在朗读中学习作者多角度描绘梅雨潭的绿。

教学设计

一、提问导入，想象“绿”

1. 上课开始，用绿色粉笔在黑板上写一个大大的“绿”字，让学生定睛细观，然后请学生回答联想到了什么。

回答要点：“万物葱茏的森林”“一碧万顷的海洋”“无边无际的草原”“绿茵场”“绿裙装”。

2. 听了大家的回答，老师眼前仿佛出现了形态各异、色彩不一的绿。那么，我们学过的古诗文中写绿的诗句，你能吟诵几句吗？

过故人庄

［唐］孟浩然

故人具鸡黍，邀我至田家。

绿树村边合，青山郭外斜。

开轩面场圃，把酒话桑麻。

待到重阳日，还来就菊花。

咏 柳

［唐］贺知章

碧玉妆成一树高，万条垂下绿丝绦。

不知细叶谁裁出，二月春风似剪刀。

江南春绝句

［唐］杜 牧

千里莺啼绿映红，水村山郭酒旗风。

南朝四百八十寺，多少楼台烟雨中。

钱塘湖春行

［唐］白居易

乱花渐欲迷人眼，浅草才能没马蹄。

最爱东湖行不足，绿杨阴里白沙堤。

书湖阴先生壁

［唐］王安石

茅檐长扫静无苔，花木成畦手自栽。

一水护田将绿绕，两山排闼送青来。

孟浩然笔下的绿是环绕村边的绿树，贺知章吟诵的绿是万条垂下的柳枝，杜牧则写出了春天的映红绿色。

这堂课，老师和大家一起赏读朱自清先生当年在温州游仙岩梅雨潭时写下的散文佳作《绿》，看看他要描写的绿又是什么呢？

二、听读课文，走近绿（提示：整体把握课文内容，读懂了什么）

1. 请大家听读课文，要求同学们从四个段落中找出一个能概括全文内容的句子。

我惊诧于梅雨潭的绿了。

2. 梅雨潭的美，美在它的绿。作者又是怎样掬起这捧绿水，奉献给读者的？我们一起仔细研读第三段。注意：读一篇文章，读一段文字，我们首先要明白写了什么，其次要学会分析怎样把事物写生动、写具体。

三、撷取细节，分析绿（提示：把握细节，重点分析。读一篇课文，不仅要读懂文章，还要把自己置于其中，它可以是欣赏，是共鸣，是审美）

（一）比喻的修辞手法

1. 朗读训练：大家读第三段第 3 句至第 10 句。（要求：边读边画。先画出描写潭水整体的句子；再画出描绘潭水水面波纹的一句；最后画出描写水光、描写水色的句子）

回答要点：水面波纹、亮度、质地、色彩。

教师：现在，大家依照提示齐声朗读描写水面波纹的句子。

学生：她松松的……裙幅。

教师：描写亮度、质地的句子。

学生：她滑滑的……那样嫩。

教师：写色彩的句子。

学生：她又不杂些儿尘滓……碧玉。

教师：现在我读某一方面的上句，大家接读下句。“她松松的皱缬着”——

学生：像少妇拖着的裙幅。

教师：她滑滑的明亮着——

学生：像涂了……那样嫩。

教师：她又不杂些儿尘滓——

学生：宛然一块……看不透她。

教师：根据每组比喻的意义，概括潭水的特征。请大家按照“我从______这句比喻中，读出了梅雨潭的绿______的特点”的句式来概括。

回答要点：细腻、柔美、明亮、柔嫩、温润、清纯……

2. 好的比喻，不只是绘其形，还要传其神，一两个词语往往不能概括尽比喻描绘出的事物的神韵。如“像少妇拖着的裙幅”，只是蕴含“细腻柔美”吗？作者为什么不说“像一条裙幅”或“像少女的裙幅”呢？请大家思考后用“少女……少妇……”的对比句式回答。

回答要点：少女天真活泼，少妇沉静羞涩。少女明朗爽快，少妇沉默寡言又脉脉含情。少女的裙子短，少妇的裙幅长而平展，要“拖”。

教师：那么“像少妇拖着的裙幅”一句，除了描绘了潭水波纹的形态的“细柔”外，还可以（沉静羞涩、脉脉含情……）

教师总结：新鲜、新颖的比喻，不但能把事物的特征表现得淋漓尽致，还可以增强文章的美感和表现力。

（二）对比的手法

1. 提问：苏轼曾在一首诗中描绘西湖的波：水光潋滟。写梅雨潭的绿，作者为什么选用西湖的波作对比呢？

回答要点：作者是用对比手法进一步描写绿的“奇异”“醉人”的，突出绿的明暗适度、浓淡相宜。以美衬美，突出“绿”的“奇异”。除了写西湖的波，还写了虎跑寺的绿壁，秦淮的水、作用是相同的。

2. 提问：将这三句话改读一下，大家对比，看效果有什么变化。

我曾见过北京什刹海……我又曾见过水光潋滟的西湖的波，似乎太明了，我又曾见过桨声灯影里的秦淮河的波，那又似乎太暗了。

回答要点：不如原文好，句式重复单调。

教师：对，作者正是为了避开单一的句式，才在两个整齐的长句后，配上两个短句，这样长短结合，整散错落，读起来才音韵铿锵，错落有致。大家齐声朗读两遍，体会这种效果。

3. 提问：文章在对“绿”作了一番精雕细刻后，又展开对比，更加突出梅雨潭“绿”的“奇异”“醉人”。大家思考，能否把这两层内容在顺序上颠倒一下？

学生：不行。

教师：为什么？

学生：读者只有先对“绿”有了具体的印象感受后，才能由此联想到别的景物，联想对比才有依托。

教师：作者正是按照认识的习惯，变换角度，层层深入地展开描写抒情的。

教师总结：对比可以使景物的特征更加明显。（为了表现梅雨潭的绿美到极致，作者以虎跑寺绿壁的浓、西湖波的明、秦淮河水的暗进行对比，在衬托中鲜明地表现了梅雨潭绿得恰到好处）

（三）想象的运用

1. 提问：大家听我范读这段剩下的部分，找出你喜欢的句子。

教师：你最喜欢哪一句？说说为什么喜欢。（教师要预设，心里有数）

学生：改用第二人称，用呼告的方法加强了抒情性，并展开大胆想象，想象出的形象很美，进一步写了“绿”的“醉人”“奇异”。

教师：说得好。作者抓住绿水的轻盈、清澈、含情等特点，大胆想象，用假设的句式，写出了美的形象。

2. 提问：请大家模仿假设的句型，抓住“绿”的特点，大胆想象，造一两句赞美绿的话。想好了举手回答。

学生 1：那醉人的绿呀，我若能以你为绘画的颜料，送给丹青能手，他必能妙手天成描绘出世上最美的画卷。

学生 2：那醉人的绿呀，我若以你作种子，撒播于祖国的江河湖泊，一定会净化污染，整个中华大地成为世上最美的风景区。

教师总结：是的，“绿”在作者眼里，在同学们心里，已不是少妇的裙幅，也不再是一块碧玉，而是一位天真清纯的小姑娘，是一位婀娜多姿、明眸皓齿、脉脉含情的少女，或是神奇的颜料和绿色的种子了。作者“醉”了，同学们“醉”了，为这奇异的“绿”。作者醉意中还送了她一个名字——女儿绿，这是作者发明的一个很特别的名字。恰巧在众多的玉石中有一种叫“祖母绿”的宝石，如果我们用“祖母绿”来代替“女儿绿”这个称呼来表达作者对梅雨潭的感觉好不好？

3. 教师读原文，学生读改句。

【点拨】“女儿”在这里联系上下文是指十二三岁的小姑娘。十二三岁的小姑娘给人的感觉是清纯、鲜活、美丽、灵动，而祖母给人的感觉是老气横秋、满脸皱纹、历经沧桑，完全不符合梅雨潭绿的神韵。

教师提示：有一首歌曲叫《九九女儿红》，歌词意思是：南方米酒之乡，父母生下女儿，便在地下深埋一坛米酒，女儿长到十八岁，蒙上红盖头出嫁时，父母取出淳厚芳香的米酒，招待四方亲朋，送女出嫁，因此这酒就叫“女儿红”。“女儿绿”大概由“女儿红”化用而来。

教师总结：能把静态水“闪闪的绿色”描写得那么可爱，并用美妙的比喻来比拟它，用形象的对比来烘托它，以自己诗一般的心灵去拥抱它，用自己火一样的热情去礼赞它，这确是朱先生的发现与创造。

四、欣赏图片，直观绿

教师引导：绿是什么？绿是梅雨潭荷叶似的潭面，绿是潭面上微波荡漾的涟漪，同学们此刻一定迫不及待地想亲眼见见朱自清笔下的绿……（播放图片）

五、介绍背景，体会绿（提示：读一篇文章，只有从理解作者的思想感情出发，才能真正领会文章在写法上的艺术魅力）

教师：形态色彩单一的“绿”，在作者的笔下像情一样深，梦一样美，让人爱，使人醉，“醉人之景历历如在眼前”。我们常说“一切景语皆情语”，从醉人的绿中你读出了作者怎样的情怀？结合时代背景介绍。

教师提示：《绿》写于 1924 年。当时，南方成为革命的策源地，北伐战争已在酝酿之中。尽管朱自清并没有投身到革命的激流里去，但他时刻都在关心着中国社会的前途。他这一时期的思想，基本上还保持着五四运动时期青年人勇于进取的势头。这反映在他的散文作品里，则表现为格调的明朗，节奏的明快和昂扬向上的生命活力。《绿》虽然是一篇写景文，但只要仔细品味，还是很容易触摸到作者思想的脉搏，结合《春》，从中我读出了一颗热爱自然、热爱生命、热爱祖国的赤子之心。

六、学生质疑，讨论绿（提示：读出问题，是质疑，是追问，是研究）

七、拓展延伸，描写绿（提示：学习本文的写作技巧，描写你身边的一处景点，写出它的特点）

以文解文

——《散文家谈散文》教学设计

教学目标

1. 分析散文美感的含义及来源。

2. 把握评论文章的基本内容。

3. 掌握评论散文的主要方法。

教学重点

1. 体悟、表达自己阅读时的独特感受。

2. 感受、学习散文短评的基本写法。

教学设计

一、导入

同学们，当我们在阅读一篇文章时，除了读文章的内容之外，我们还要能够用心体会出文章的精彩之处、动人之处以及与众不同之处。如果你能够把握这些内容，也就能够让自己的心灵与文章的精神相沟通了。今天我们学习《散文家谈散文》一课，老师就是希望给大家提供一些把握文章精神的方法。

二、教授

教师：请大家读题目。散文家是指晓雪，散文是指郭沫若的《白鹭》，这则标题告诉我们今天学习的是晓雪评论郭沫若的散文。

作者晓雪既是诗人，又是评论家、散文家，她对《白鹭》一文的评价落笔肯定不寻常，下面请同学们读课文《关于散文〈白鹭〉》，找出作者直接评论《白鹭》一文的语句。

学生1：郭沫若的散文像他的诗一样，有的写得豪放激越、气势磅礴，也有的写得柔婉清丽、秀美含蓄。比较起来，我更喜欢他的后一种散文。这篇五百字的《白鹭》，就是后一类散文的典型例子。

学生2：这篇散文，用非常精彩、极其简练的文字，抒写了作者对白鹭的独特感受和独到认识，绝妙地描绘出白鹭“因为它的常见而被人忘却”的美。

学生3：《白鹭》就是一篇能让人“反复地品味”的好散文，它“是一首精巧的诗”，“一首韵在骨子里的散文诗”，言有尽而意无穷。

【教师引导1】请大家齐读以上三句话，提炼这三句话的评论角度。

学生：第一句话明确风格柔婉清丽、秀美含蓄。第二句话指出文字精彩简练、形象独特。第三句话强调意蕴诗味无穷，需反复品味。

关键词：风格　文字　形象　意境

【教师引导2】风格是作家在文学创作中表现出来的一种带有综合性的总体特点，它是比较抽象的。影响风格的因素很多，比如作品中的语言、形象等。一篇文章的风格，需要我们读者反复品读才能体会。所以以上三个观点中，晓雪其实强调的是第二个。

我们把视角集中在第二个观点上，接下来齐读《白鹭》一文并思考：郭沫若笔下的白鹭具有怎样独特的美？他又是用怎样的文字来表达这样的美的？要求在《白鹭》一文中找出相应的佐证文字来验证晓雪的评论观点。

教师示范：我从原文的______一处，读出白鹭的美具有______的特点，理由是____________________（结合相关词语）。

小组合作讨论——

白鹭形象之美：文字之美。

这个美是精巧和谐的，“一切都很适宜”。

这个美是淡雅秀丽的，一块清水田，一只两只站着钓鱼的白鹭，便构成了“一幅嵌在琉璃框里的画面”。

这个美是悠然脱俗的，白鹭孤独而悠然地站立在小树的绝顶，“这是别的鸟很难表现的一种嗜好”。

这个美是清澄淳朴的，“是乡居生活中的一种恩惠”。

教师追问：作者独运匠心，向我们展现这种隐藏于平凡景象之中的和谐之美。从这句话中，我们可以读出郭沫若认为白鹭的美是普通的、平凡的、不被人重视的。原文对白鹭之美概括性的语句是——常见而被人忘却的美。（学生回答）

（精巧、适宜、常见、被人忘却、增之、减之、素之、黛之、嵌、悠然、恩惠、铿锵、韵）

【教师引导 3】三个直接观点在原文中找到了佐证文字，这些文字又被晓雪大量引用作为证明自己观点的材料。（读第四段）

除了引用原文，她还引用了古人姚鼐、外国作家莱辛的话语。

其文如升初日，如清风，如云，如霞，如烟，如幽林曲涧，如沦，如漾，如珠玉之辉，如鸿鹄之鸣而入寥廓。

（补充）其文如霆，如电，如长风之出谷，如崇山峻崖，如决大川，如奔骐骥。

不要让人一看了事，应让人品味，反复地品味。

教师：这两句有什么作用？

回答要点：引用姚鼐的话在于说明《白鹭》一文是一篇柔婉秀丽、清新含蓄风格的文章；引用莱辛的话在于说明这样的文章需要反复品味，才能读出意味。

教师：那么《白鹭》一文的意味，作者说言有尽而意无穷，这个意究竟是什么？

（补充）1942年时，正是抗日战争极端困难的关头：国民党反动派妥协投降，镇压抗日救国运动，亲日顽固派大肆鼓吹崇外媚日、投降屈从的反动论调，一些政界人物和文化人士变节投敌，苟且偷生；而共产党则高举抗日救亡大旗，坚持抗战，力挽狂澜。在此背景下，郭沫若写了这类文章（《石榴》《白鹭》），托物言志，借物寄托情怀，歌颂真善美，也含蓄地抒发了自己对自由的热切追求。

解读到此，《白鹭》一文的意味在于对常见之物的美具有独到发现，对平凡的赞美，对朴素的讴歌，对自由的向往……

晓雪的观点我们在原文中都能一一找到佐证，在寻找佐证时，我们发现晓雪从四个层面着手：风格、内容、方法、意图。

在文学作品的欣赏中，除了一般的理论指导之外，还存在个人兴趣爱好与个人欣赏习惯的问题，每个人的阅读基础不同，切入角度不同，阅读后的感受和见解也会有差异，接下来，我们学以致用，当一回小小评论家，请结合《白鹭》一文中相关的语句，找准一个角度，写出你对《白鹭》一文不同于晓雪的独特的评论。

教师示范：

1. 文章的意境很有诗意——

在清水田里时有一只两只站着钓鱼，整个的田便成了一幅嵌在琉璃框里的画面。田的大小好像是有心人为白鹭设计出的镜匣。

这段文字描绘了一幅清水白鹭图，鹭是景致，田是画框，白鹭带给清水以美丽，清水又使白鹭更秀美，分不清究竟是白鹭装饰了田，还是田包容了白鹭。这样的意境留给读者丰富的想象空间。

2. 文中的对比很有特点——

白鹤太大而嫌生硬，即如粉红的朱鹭或灰色的苍鹭，也觉得大了一些，而且太不寻常了。

或许有人会感着美中的不足，白鹭不会唱歌。但是白鹭的本身不就是一首优美的歌吗？——不，歌未免太铿锵了。

用白鹤与朱鹭、苍鹭比出白鹭的小巧与别致的美，用铿锵的歌比出白鹭的婉约柔和。这率性的对比正表明了作者对白鹭由衷的赞赏。

三、学生自由阅读、讨论、书写、交流

学生1：文章的结构浑然一体。开头和结尾巧妙呼应，凸现主体，强调白鹭的特点。中间选择几幅别有特色的画面围绕“诗”来呈现。这样的结构小巧别致、玲珑剔透。

学生2：文中的比喻非常精彩。

在清水田里时有一只两只站着钓鱼，整个的田便成了一幅嵌在琉璃框里的画面。田的大小好像是有心人为白鹭设计出的镜匣。

本体是水田与白鹭，喻体是琉璃画，是一幅有水有田有白鹭的画，让人顿时就联想到那清雅素净的中国水墨，这纯净的境界不正是诗的内核吗？

学生3：文中的拟人非常独到。

孤独地站立在小树的绝顶，看来像不是安稳，而它却很悠然。

孤独地站立、沉静地思考不正是诗人所特有的本质？“悠然”不又显得白鹭是如此潇洒而淡定？

学生 4：文中的画面很美。

黄昏的空中偶见白鹭的低飞，更是乡居生活中的一种恩惠。那是清澄的形象化，而且具有了生命了。

这段文字描写出了一幅宏阔而又纯净的画面，暮至而息的白鹭成了空中的精灵，成了绝美的舞蹈者，非常形象真切地诠释着“清澄”这个词语的内涵。

教师总结：大家表达得丰富多彩，阅读作品就是要读出常人没读出的感受，最后结合我的阅读感受，把大家的发言融合起来，写成一首小诗，结束我们这节课。

白　鹭

白鹭是一首精巧的诗
形象淡雅而精致
是一首小巧别致的诗
与清水之微波余晖
田地之拙朴阔然
是一首古朴灵动的诗

清晨独立枝头
悠然眺望
是一首意蕴清绝的诗
低飞于黄昏的空际
又是一首活力而动感的诗

《白鹭》也是一首精巧的诗

那悠远的意境

首尾呼应的结构

精彩的修辞

动静结合的写法

诗一样的语言

梦一样的美

那是常见的

朴素的

自由的

往往被人忘却的美

白鹭　《白鹭》

都是一首诗

一首韵在骨子里的散文诗

童年体验和中年意识碰撞

——《阿长与〈山海经〉》教学设计

教学目标

1. 学习名著阅读的方法。

2. 体会视觉角度的比较。

3. 领悟作者内心的情感。

教学重点

1. 教会名著阅读的方法，把握文章内容。

2. 学会视觉角度的比较，领会作者情感。

教学过程

一、导入

教师：旧事重提，忆温馨童年；朝花夕拾，思百味人生。同学们，上学期，我们学习了鲁迅先生的《朝花夕拾》。《朝花夕拾》中的10篇文章，有5篇他都写到了这样一个人物：她给“我”讲美女蛇的故事，给“我”买《山海经》……这个人物是?

学生：阿长。

教师：鲁迅先生不写母亲，却反复写了阿长，可见长妈妈在鲁迅心中所占的位置。长妈妈到底是一个怎样的人？今天老师和大家一起学习课文《阿长与〈山海经〉》。

二、教授

【活动一：童年体验——这样的长妈妈】

教师：请大家打开书本，自读课文，然后给长妈妈设计一张身份证。

（出示投影。）

姓名	性别	头像
年龄	职业	
家庭住址		

（学生展示。）

教师总结：你们看，除了性别和职业，鲁迅对长妈妈其他的信息都不知道。

设计意图：这样设计一则是让学生了解阿长是个社会底层的劳动妇女，普通卑微到无名无姓，地位极其低下；二则是为解读课文的倒数第2段做教学上的呼应。

【活动二：这样的《山海经》】

教师：对于这样一个保姆，鲁迅怀有怎样的感情？哪一段集中体现了这种感情？请大家读读。

学生：最后一段。

仁厚黑暗的地母呵，愿在你怀里永安她的魂灵！

教师：为什么鲁迅会由衷地生发出这样的情感？

学生：因为她给“我”买了《山海经》。

教师：《山海经》是一本怎样的书？哪些故事出自这本书？

（出示投影。）

《山海经》是中国先秦重要古籍，也是一部荒诞不经的奇书。《山海经》的内容主要是民间传说中的地理知识，还包括山川、矿物、民族、物产、药物等内容。同时还保存了包括夸父逐日、女娲补天、精卫填海、大禹治水等不少脍炙人口的远古神话传说和寓言故事。《山海经》具有非凡的文献价值，对中国古代历史、地理、文化、中外交通、民俗、神话等的研究，均有参考价值。其中的矿物记录，更是世界上最早的有关文献。

教师：少年鲁迅从哪里得知《山海经》这本书的？

学生：远房的叔祖。

教师：文中怎样描写“我”对《山海经》的渴慕？请同学们标注在课本上。再用几个成语概括一下“我”的心情。

学生：朝思暮想、日思夜盼、坐卧不安、魂牵梦绕、寝食难安……

教师：既然喜欢，那去买呗？

学生：没办法买。

教师：周家是绍兴城里的大户人家，书香门第，为什么儿时的鲁迅反而看不到日思夜想的《山海经》？大家想过这个问题吗？

（学生讨论。）

教师：还记得《从百草园到三味书屋》里有这样一段文字吗？

（出示投影。）

我才知道做学生是不应该问这些事的，只要读书，因为他是渊博的宿儒，决不至于不知道，所谓不知道者，乃是不愿意说。年纪比我大的人，往往如此，我遇见过好几回了。

我就只读书，正午习字，晚上对课。

教师：原来啊，这跟三味书屋的老先生不准孩子问一些奇怪的问题一样，也跟《红楼梦》里的贾宝玉、林黛玉只能偷偷看《西厢记》

一样，那个时代只让孩子读“四书”“五经”这些正统的典籍，是不允许看闲书、杂书的。所以，“问别人呢，谁也不肯真实地回答我。压岁钱还有几百文，买罢，又没有好机会。有书买的大街离我家远得很，我一年中只能在正月间去玩一趟，那时候，两家书店都紧紧地关着门”。

读到这，老师不免有个疑惑，上文说阿长她懂得许多规矩，这些规矩也大概是“我”所不耐烦的。作为生活在那个时代的妇女，她也一定受着世俗的影响，知道孩子应该读什么样的书。那她为什么会给“我”买这本闲书？

学生 1： 她可能不知道《山海经》是一本闲书。

学生 2： 她看“我”日思夜想。

学生 3： 她没有文化，但是她善良，懂孩子的心，在乎孩子的感受。

设计意图： 补充《山海经》的介绍，同时勾连《从百草园到三味书屋》相关情节，是要让学生明白一个背景：在那个社会，“四书”“五经”是正统书籍，《山海经》虽是奇书，但是作为学生是不该读的，学生只能一心读圣贤书，所以别人不愿帮“我”买。别人不愿做的或者做不到的，长妈妈做到了，这就是她的神力啊。这就是引发“我”产生敬意的原因。

【活动三：这样的一种震悚】

教师： 在世俗的制约和情感的投入中，阿长选择了后者。世界上没有无缘无故的爱，也没有无缘无故的恨，从对阿长的憎恶到最后对她产生一生的敬意和怀念，鲁迅的态度发生了 180 度的大转弯，而促使这种变化的最主要原因就是长妈妈买来了《山海经》。即使三十年后，鲁迅还能回味起当时拿到这书的情态，大家找一找，一起读。

我似乎遇着了一个霹雳，全体都震悚起来；赶紧去接过来，打开纸包，是四本小小的书，略略一翻，人面的兽，九头的蛇，……果然都在内。

教师：哪个词要重读？

学生：果然。

教师：包含了哪些情感？

学生：惊讶，欣喜。

设计意图：开放地让学生讲，可能是“震悚”，可能是“霹雳”，也可能是“赶紧”，还有那个不容忽视的“果然”，在学生的品读、教师的引导中达到体会当时“我”的激动、惊喜、满足、出乎意料之情。

【活动四：这样的一个过程】

教师：这四本书，乃是“我”最初得到、最为心爱的宝书。谋害隐鼠的怨恨，从此完全消失了。那么，目不识丁的阿长怎么给“我”买宝书的？这个过程阿长向“我”叨扰了吗？

学生：没有。

教师：她只说了一句：“哥儿，有画儿的‘三哼经’，我给你买来了！”怎么理解“三哼经”？

学生：长妈妈不识字，只是“我”一直念叨，她把《山海经》听成了“三哼经”。

教师：哦，原来迅哥儿的话阿长一直记在心里，于是她把书买了回来，她只认为为“我”做了一件小事，至于怎么买的，她闭口不谈，只是心里高兴。

少年鲁迅根本不知道阿长怎么买来的自己朝思暮想的宝书。大家来把这段空白补上。比如：她怎样打听？怎样跑到书摊、书店？大家还记得长妈妈的一个标志性动作吗？“最讨厌的是常喜欢切切察察，向人们低声絮说些什么事，还竖起第二个手指，在空中上下摇动，或者点着对手或自己的鼻尖。”

阿长用自己的“超能力”，为“我”买来了《山海经》，引发了“我”对她产生了空前的敬意。同学们想不想知道阿长究竟克服了多少困难为“我”买来了《山海经》？请同学们充分发挥想象：一个不识字，甚至连《山海经》都念成“三哼经”的阿长为“我”买《山海经》的具体情境，用200字左右的文字详写具体情境，注意人物的语言和动作描写。

（学生写作并交流。）

设计意图：借助想象，再现买书过程，一则了解目不识丁的长妈妈买书的艰辛，二则了解写作中的“留白”。让学生比较是写出来好，还是不写的好，从而让学生意识到：越是没见到越是牵念一辈子，越是牵念，越是难忘。这就是作者人到中年写阿长的感情基调。

教师总结：我们可以看出，长妈妈是真心实意关爱着“我”的人，她身上的热情、淳朴、善良，更是“我”所不能忘怀的。所以人到中年后，鲁迅先生回忆儿时这件事，表达出对这样一个劳动妇女的什么感情？

学生：怀念，思念，感激。

【活动五：还是那个长妈妈】

教师：既然这么思念、怀念长妈妈，那么题目就改为“长妈妈和《山海经》”，好不好？

学生：不好。因为长妈妈身上还有很多缺点，是“我”不喜欢的。

教师：大家找找，写了哪些事？

学生：喜欢切切察察、睡相不好、爱管闲事、规矩多、道理多，甚至谋害隐鼠，长得丑。

教师：哦，这些事都让少年鲁迅不能接受这样的长妈妈。课文中表现“我”对她的感情的词语是什么？

学生：“我”对她不大佩服，不耐烦。

教师：你怎么看待这些规矩？

学生1：长妈妈迷信。

学生2：长妈妈规矩多。

学生3：长妈妈出于爱“我”。

教师：就拿阿长那“大”字形的睡相来说吧，虽然使幼年鲁迅吃了苦头，但是，字里行间流露出来的是对阿长“适性任情”的肯定。在鲁迅笔下，阿长的缺点也是令人喜爱的，因为她不“噜苏做作”“对就对，错就错，不说一句分辩话”（《狗·猫·鼠》）。

尤其关于“长毛”的讲述，更令人捧腹大笑，鲁迅也确实给予了含笑的批评。但难道仅仅是为了批评，或者为了揭露封建统治者对劳动人民的毒害吗？问题并不这么简单。

我们通过“元旦辟头的磨难”可以清楚地看到：在道“恭喜”、吃福橘的麻烦仪式中，阿长寄托了多么真诚的善良愿望啊！她希望自己和孩子“一年到头，顺顺溜溜”。特别值得注意的是，福橘并不是她自己吃，而是由她“塞在我的嘴里”，说明这仪式是为了孩子，表现了她对孩子的一片祝福之心！

其他如“死”要说“老”，不进死人房和产房，不钻晒裤子的竹竿底下，等等，事情本身固然是可笑的，但在当时的历史条件下，阿长教给“我”这些“道理”的用心，和现在的阿姨教孩子们讲卫生、不横穿马路并无差异，都是为孩子着想。

如果不是出于这种善良的用心，她以后也就不会有为鲁迅买《山海经》的举动。

教师总结：从这些地方可以看出，鲁迅不仅严格地按照生活本来的面貌如实地记叙长妈妈，而且在记叙中始终着意表现她身上最本质的东西，还原生活的真实，呼唤人和人的真实，真的背后是善，善代表着爱。我们从她的愚鲁中看到真率，从粗犷里看到细心，而这种真率和细心所体现的实质，是对孩子的关心和爱护。事过三十多年之后，鲁迅怀着深情回忆起来，仍然被这种关心和爱护所打动。

设计意图：通过辨析题目，自然过渡到上文对长妈妈的介绍，教会学生跳读，筛选有价值信息，同时设身处地引导学生明白这些规矩背后其实还原了一个真实的人，还原了一种真实的人际关系，其实这就是鲁迅先生散文创作的一个核心基础——“立人”。

【活动六：这样一种背景】

教师：既然鲁迅感受到长妈妈的好，即使小时候获取到的有关长妈妈的信息很少，那么长大了，隔了三十年多年，“我”难道没有时间去弥补这些空白吗？大家读文章最后两段。

（出示投影。）

我的保姆，长妈妈即阿长，辞了这人世，大概也有了三十年了罢。我终于不知道她的姓名，她的经历；仅知道有一个过继的儿子，她大约是青年守寡的孤孀。

请大家思考：

1. 称呼发生了怎样的变化？从称呼的变化中你读出了什么？

2. 三十年前的往事，鲁迅记得清清楚楚，而阿长辞世的时间却用了一个表示推测的“大概”，这符合常情吗？

3. 仔细品味“终于”“仅”这两个词语。

回答要点：

1. 称呼的变换体现了情感的变化，“我”和长妈妈越来越亲热。也可以看出鲁迅对她的想念。

2. 三四十年前的事，鲁迅都记得清清楚楚，唯独对阿长的死，用了“大概也有了三十年了”，是不符合常情的。鲁迅喜欢刨根问底，他连给自己父亲看病的医生的名字都记得清清楚楚，却自始至终不问长妈妈的名字，也是讲不通的。

3. “终于”“仅”写出了鲁迅对长妈妈了解之少。

（出示投影。）

作为新文化运动的杰出代表，鲁迅提出了“人立而凡事举”的主张，向现实发出了强烈的抗议。

对人性与人际关系的关注是鲁迅“立人”思想的核心内容。

在谈到这批文章的写作时，鲁迅先生深情地谈到了“曾经屡次忆起儿时在故乡所吃的蔬果”“思乡的蛊惑”等，说“这些东西也许要哄骗我一生，使我时时反顾”。这些深情的表白，都表明鲁迅在那个特定的生存环境中，在人到中年、身处异乡的时候，确实是打算写作以“回忆”为主要内容的文章，来寄托自己的思乡之情，来对抗那“纷扰”“离奇”的现实境况的。

设计意图：知人论世，《朝花夕拾》创作背景介绍的插入，再通过朗读，体会词语的内涵，走进鲁迅的心灵世界，感受鲁迅先生人到中年的思维：长妈妈这样一个人，只是鲁迅心中的一个符号，也是所有天下善良人的一个符号，所以她的真实姓名、年龄、住址不再赘述、补写，因为她们就在身边，就在回忆里。结合鲁迅的文学创作，教师引导学生：鲁迅先生的杂文用犀利的词语抨击揭露这吃人的社会，他的小说则是借助具体的人和事剖析这病态社会的病根——人和人的冷漠，人情的凉薄。他的散文固然也有温情，但他是要借助这温情，慰藉自己那冰凉的内心，从而汲取继续战斗的勇气和力量。

【活动七：这样的一种深意】

教师：请大家再读最后一段。

仁厚黑暗的地母呵，愿在你怀里永安她的魂灵！

教师总结：联系写作背景，我们不难发现，文章正是在这种永恒的感激和怀念的基础上，以饱蘸浓情的笔墨，为长妈妈的在天之灵祝福！这个饱含深情祝福的结尾，具有强大的感染力量，同时也发人深思。它凝聚着鲁迅对长妈妈的全部情思，寄托着鲁迅对善良的人的衷心祝愿；从“不愿意想到目前”而回忆过去的创作初衷来看，这种情思和祝愿愈强烈、真诚，就愈能反衬出对“目前”的否定和憎恨。

设计意图：教学设计首尾呼应，从读开始，到读结束，朗读永远是最好的教学手段，读出感情，读出理解，读出作者，达到从一篇文章了解一本书的教学目标。

三、结束

常读常新的《阿长与〈山海经〉》，每一次读，都觉得有一双眼睛在注视着。循着这目光望去，一位长者，短发短须，刚毅的唇间似乎就要喷射出火焰，他就是鲁迅，他的文字有着匕首的苍凉与太阳的温暖，经典的魅力也就在此！

妙不可言的“物”“点”“句”

——“中考散文的阅读指导”教学设计

教学目标

学会掌握概括散文主旨的方法。

教学重点

1. 找准寄寓物，领会作家的意图。

2. 抓住动情点，把握作品的情感。

3. 分析议论句，归纳文章的主旨。

教学过程

一、导入

同学们，我们看一篇散文，千万不要被它的材料众多、内容驳杂所吓倒。尽管散文看似很“散”，但是都有一个“神”统领全文，这个神就是作者在文中借景抒情的情，托物言志的志，记事说理的理。情、志、理，就是文章主旨。所以我们拿到文章一定要平心静气，聚精会神地通读全文，读完之后，要想一想，这篇文章讲了什么，只有掌握了文章的主旨，再来研究局部，才不会偏离中心。今天这堂课我们一起探讨一下怎样把握散文的主旨，我们以苏州市2014年中考阅读题《红豆树下》为例。

红豆树下

陈歆耕

① 在绵密的江南细雨中，我伫立在古里红豆山庄的红豆树旁。当年钱谦益、柳如是共同生活的红豆山庄，已了无踪迹，只余一片废墟，“硕果”仅存的只有这一棵见证了当年钱柳缠绵情史的红豆树。

② 废墟反衬出了红豆树的古老、沧桑、孤傲、孤独……

③ 我撑着雨伞，夹在数十位观者之中，听不清大家围着红豆树在窃窃私语些什么。有着近五百年历史的红豆树，躯干之粗须数人伸臂合抱；虽已经是初春时节，可是它仍然面容枯槁，似有满腹忧愁；它的枝丫挺立，如利刃般直刺蓝天苍穹……

④ 唐代王维的咏红豆诗最有名：“红豆生南国，春来发几枝。愿君多采撷，此物最相思。”可是，江南春雨，催不出这古老红豆树的新枝，它已经有八十年未开花结果，到哪里去采撷红豆？远近的老百姓把它视作“神树”，逢年过节，有很多善男信女来树下烧香跪拜。这些善男信女在心中祈祷些什么呢？

⑤ 我收起了雨伞，索性让细雨淅淅沥沥地滴落在自己的面颊上。流连在红豆古树下，我想得最多的，还是写出传世史著杰作《柳如是别传》的国学大儒陈寅恪先生。在史海跋涉二十年，用文言文写就八十余万字、厚厚三大卷的《柳如是别传》，让很多人不理解：一位史学大儒为何要耗费如许光阴，为柳如是这位曾经沦落风尘的女子作传？其实，只要熟悉柳如是全部人生经历的人就会明白，寅恪先生为柳如是作传，其意旨不在为钱柳姻缘留下翔实的历史记载，或传播一段轰动一时却又为世俗所诟病的爱情佳话。他是要为一位生于国破家

亡的乱世，却表现出超凡民族气节和风骨的奇女子作传，是为一种伟大的人格和魂魄作传。而柳氏这样一种“风骨”，与寅恪先生倡导的“独立之精神，自由之思想”，在血脉、心灵上则是相通的。寅恪先生以此大著“痛哭古人，留赠来者”。我们这些后来者，在面对先生的精神遗产时，是否存有几分愧疚呢？

⑥据记载，在钱牧斋八十岁大寿时，柳如是为他做寿，恰逢红豆树二十三年后又一次花开满树，她从阁前的红豆树上觅得仅有的一颗红豆，作为寿礼呈上，使钱谦益大喜过望。红豆有情，可显然不是为钱某人开花结果的——钱氏在明灭后降清失节不说，又不愿过隐居生活，遂不听柳氏的反复劝说，非要到清廷去谋一官半职。柳氏则坚决不肯随同前往做降臣命妇。没有想到，钱氏到京后不被重用，半年后只好托病回老家。他的仕途失意，成全了柳氏在田园山水间安享夫妻生活的愿望。我坚信，有生命的美丽的红豆之花，肯定是为从内而外皆美洁如玉的柳如是而开的。

⑦世间空余“钱牧斋”，“如是”风骨何处寻？

⑧从柳如是到陈寅恪，昂然挺立、傲视红尘的红豆古树，可以看作是他们人格的象征吗？

⑨我觉得，需要到红豆古树下跪拜的，倒是那些缺钙、患软骨病的人……

⑩可惜的是，此刻，在红豆树的废墟周围，推土机正在发出轰鸣，施工车辆穿梭往来，一座再造的红豆山庄将在这里重现。令我忧虑的是，人工再现的雕梁画栋、小桥流水的红豆山庄，加上熙来攘往的红男绿女，反倒会把孑然孤傲的红豆古树给淹没了——我更欣赏它现在的模样，一副卓尔不群的身姿！

⑪不知道红豆古树何时能再发出新枝，何时能再开花结果。它那

古老沧桑的面容，给我带来的是无限惆怅和忧思……

二、教授

教师：散文的分类标准不一，我们通常按照表达方式，把散文分为叙事性散文、抒情性散文、议论性散文。叙事性散文指以叙述人物或事件为主的散文样式，如《背影》；抒情性散文是一种有着浓郁的抒情格调，情辞并重的文学作品，如《春》；议论性散文是以说理议论为主要表达方式的文学性散文，杂文是它的最主要的品种。请大家自读课文，想想这篇散文属于哪一类型？

学生：议论性散文。

教师：大方向明确，再来分析作品就比较容易了。请大家读标题——红豆树下，是作者怎样将红豆树同文章的思想、感情联系起来的？小组合作，找出本文中描写红豆树的句子，想想作者笔下的红豆树有什么特点，分点归纳。

学生：（1）有着近五百年历史的红豆树，躯干之粗须数人伸臂合抱。（2）虽已经是初春时节，可是它仍然面容枯槁，似有满腹忧愁；它的枝丫挺立，如利刃般直刺蓝天苍穹。（3）它已经有八十年未开花结果，到哪里去采撷红豆？远近的老百姓把它视作"神树"。

历史——古老、沧桑。外形——躯干粗壮、面容枯槁、枝丫挺立。神韵——孑然孤傲、卓尔不群。

教师：再读标题——红豆树下，注意标题中的一个字"下"。这个"下"可谓言简意赅，意蕴丰富。除了红豆古树，作者又想到了两个和红豆树有关的人物，一个是陈寅恪，另一个是柳如是，请大家画出介绍这两个人物的文字，然后用文中的词语概括评价这两个人物。

学生：我想得最多的，还是写出传世史著杰作《柳如是别传》的国学大儒陈寅恪先生。他在史海跋涉二十年，用文言文写就八十余万字、厚厚三大卷的《柳如是别传》。柳氏坚决不肯随同前往做降臣命妇。

学生：美洁如玉的柳如是。儒学大师陈寅恪先生。（其他也可以）

教师：这是身处两个领域，生活在不同时代，有着不同人生经历，不同历史评价的人物，他们的交集在哪里？

学生：陈寅恪写出传世史著《柳如是别传》。

教师：其目的是什么？用文中的原句回答。

学生：他是为一位奇女子作传，是为一种伟大的人格和魂魄作传。而柳氏这样一种“风骨”，与寅恪先生倡导的“独立之精神，自由之思想”，在血脉、心灵上则是相通的。

教师：换言之，陈寅恪是借柳如是来表达一种气节、风骨、人格、魂魄，但这又和红豆古树有什么联系？文章作者在字里行间阐明了三者的哪些相似处？请找出原句。

学生：从柳如是到陈寅恪，昂然挺立、傲视红尘的红豆古树，可以看作是他们人格的象征吗？

教师：请大家响亮地把这句话读一遍，并改为陈述句。

学生：（读）从柳如是到陈寅恪，昂然挺立、傲视红尘的红豆古树，可以看作是他们人格的象征吗？

（改）从柳如是到陈寅恪，昂然挺立、傲视红尘的红豆古树，可以看作是他们人格的象征的。

教师总结：行文至此，作者巧妙地把自己的写作意图有意识地借红豆古树以及两个人物表现出来，这种物、人、事融合了作者的理智、情感，传达了作品的主旨，于是我们创造了一个名词“寄寓物”，解读寄寓物，我们就能抓住作者在文章中想要极力展现出来的思想性。想找寄寓物其实不难，有些散文，题目本身就是，就如此文，又如 2006 年的苏州市中考阅读题《秋山红叶》《城与人》。

教师：寄寓物不仅能传达作者的写作意图，还能从中读出作者的情感。请大家再读课文，找出文章中作者情感变化的词语。

学生：愧疚——可惜——忧虑——更欣赏——惆怅和忧思。

教师：从以上作家的情感走向来看，本文情感表现不是单一的，在红豆树、柳如是、陈寅恪身上作者的情感是复杂的，既有赞美，又有忧思，我们就要抓住这些动情点来读懂文本。

怎么会产生这样的情感？注意：把这些情感放回原句，注意上下文联系。

学生：我们这些后来者，在面对先生的精神遗产时，是否存有几分愧疚呢？

教师：言外之意我们这些后来人遗失了前人的精神遗产。

学生：可惜的是，此刻，在红豆树的废墟周围，推土机正在发出轰鸣，施工车辆穿梭往来，一座再造的红豆山庄将在这里重现。

教师：可惜的是红豆山庄重现。不是挺好吗？

（忧虑的是，人工再现的雕梁画栋、小桥流水的红豆山庄，加上熙来攘往的红男绿女，反倒会把孑然孤傲的红豆古树给淹没了。）

再造的山庄只是迎合世人的猎奇观赏，却失去了其原有的内在品质精神。

学生：我更欣赏它现在的模样，一副卓尔不群的身姿！

教师：卓尔不群的身姿，是卓尔不群品质的外化。

教师总结：可见抓住了动情点，我们能顺着作者的情感，读出很多隐藏的内容。

教师：我们读出文章写了什么，作者行文中的情感变化，我们还可以把集中议论抒情的语句语段找出来，读读品品，体会作家的情感、态度、价值观，以便于更完整地归纳文章的主旨。请大家找出此文中集中抒情议论的语句。

一位史学大儒为何要耗费如许光阴，为柳如是这位曾经沦落风尘的女子作传？其实，只要熟悉柳如是全部人生经历的人就会明白，寅恪先生为柳如是作传，其意旨不在为钱柳姻缘留下翔实的历史记载，或传播一段轰动一时却又为世俗所诟病的爱情佳话。他是要为一位生于国破家亡的乱世，却表现出超凡民族气节和风骨的奇女子作传，是为一种伟大的人格和魂魄作传。而柳氏这样一种“风骨”，与寅恪先生倡导的“独立之精神，自由之思想”，在血脉、心灵上则是相通的。寅恪先生以此大著“痛哭古人，留赠来者”。我们这些后来者，在面对先生的精神遗产时，是否存有几分愧疚呢？

我坚信，有生命的美丽的红豆之花，肯定是为从内而外皆美洁如玉的柳如是而开的。

世间空余“钱牧斋”，“如是”风骨何处寻？

从柳如是到陈寅恪，昂然挺立、傲视红尘的红豆古树，可以看作是他们人格的象征吗？

我觉得，需要到红豆古树下跪拜的，倒是那些缺钙、患软骨病的人……

可惜的是，此刻，在红豆树的废墟周围，推土机正在发出轰鸣，施工车辆穿梭往来，一座再造的红豆山庄将在这里重现。令我忧虑的是，人工再现的雕梁画栋、小桥流水的红豆山庄，加上熙来攘往的红男绿女，反倒会把孑然孤傲的红豆古树给淹没了——我更欣赏它现在的模样，一副卓尔不群的身姿！

不知道红豆古树何时能再发出新枝，何时能再开花结果。它那古老沧桑的面容，给我带来的是无限惆怅和忧思……

教师：在这些语句中，我们找出红豆古树背后的含有特殊意蕴的词语，结合上文对红豆树、柳如是、陈寅恪的分析，结合行文中作者的情感，思考作者生发的惘怅和忧思仅仅是为了红豆树吗？

学生：一种人格，精神气节的缺失。

对世人渐渐遗忘了前人精神遗产的痛心与遗憾。

为人们热衷于俗世的追求，忽视了品格、风骨的继承感到可惜。

表达了作者对民族气节、传统风骨的呼唤与追寻。

教师总结：分析议论句，我们走进了作家深层的感情世界，领悟了作品的内在意蕴。

三、结束

晓雪在《散文家谈散文》一文中说，散文是一种“随意性和多样性”“没有固定格式的最自由自在的文体”。但是不管怎样的天马行空，任何一篇散文都体现了作者对生活的态度和感受，对生活的认识和总结，这种态度、感受、认识、总结就是文章的主旨。今天这堂课，我们就是通过《红豆树下》这一篇文章学习怎样去把握议论性散文的主旨，那就是：找准寄寓物，抓住动情点，分析议论句。这个过程在答题时可能只是5~8分钟时间，但是平时的阅读训练则是多之又多的，希望这堂课对大家有帮助。

从句到文

——“议论性散文阅读指导”教学设计

教学目标

学会掌握概括议论性散文主旨的方法。

教学重点

1. 找准寄寓物，领会作家的意图。

2. 抓住动情点，把握作品的情感。

3. 分析议论句，归纳文章的主旨。

教学过程

一、导入

大地的语言（节选）

阿　来

今天，在远离它们故乡很远很远的地方，我看见一望无际的玉米亭亭玉立，茎并着茎，根须在地下交错，叶与叶互相摩挲着絮絮私语，它们还化作一道道的绿浪，把风和自己的芬芳推向更远的地方。在一条飞速延展的高速公路两边，我的视野里始终都是这让人心安的景象。

转上另外一条高速路，醒目的路牌标示着一些城市的名字。这些道路经过乡野，但目的是连接那些巨大的城市，或者干脆就是城市插到乡村身上的吸管。资本与技术的循环系统其实片刻不能缺少从古至今那些最基本的物质支撑。但在这样的原野上，至少在我的感觉中，那些城市显得遥远了。视野里掠到身后，以及扑面而来的，依然是农耕的连绵田野。

我呵气成雾，在车窗上描画一个个汉字。这些象形字在几千年前，就从这块土地上像庄稼一样生长出来。在我脑海中，它们不是今天在电脑字库里的模样，而是刚刚生长出来时的模样，刚刚被刻在甲骨上的模样，刚刚被铸刻到青铜上的模样。

这是一个个生动而又亲切的形象。

土，最初的样子就是一棵苗破土而出，或者一棵树站立在地平线上。

田，不仅仅是生长植物的土壤，还有纵横的阡陌、灌渠、道路。

禾，一棵直立的植株上端以可爱的姿态斜倚着一个结了实的穗子。

车窗模糊了，我继续在心里描摹从这片大地上生长出来的那些字：麦、黍、瓜、麻、菽。

我看见了那些使这些字有了生动形象的人。从井中汲水的人，操耒犁地的人，以臼舂谷的人。

眼下的大地，麦收季节已经过去了，几百年前才来到中国大地上的玉米正在茁壮生长。那些健壮的植株上，顶端的雄蕊披拂着红缨，已然开放，轻风吹来，就摇落了花粉，纷纷扬扬地落入下方那些雌蕊上。那些子房颤动着受孕，暗含着安安静静的喜悦，一天天膨胀，一天天饱满。待秋风起时，就会从田野走进农家小小的仓房。

就因为在这让人心生安好的景色中描摹过这些形状美丽的字眼，我得感谢让我得以参加此次旅行的朋友。就在这样的心情中，我们到达了周口市淮阳县。我是说到达了淮阳县城，因为此前，已经穿过了大片属于淮阳的田野。让人心安的田野，庄稼茁壮生长的田野，经历了七灾八难仍然在默默奉献的古老的田野，还未被加工区、开发区、新城镇分割得七零八落的田野。

二、教授

教师：文章标题是文章的眼睛，题目是大地的语言，那么大地的语言是什么？

学生：田野。

教师：那么这田野有什么特点？在文章中找出相关语句并作概括。

学生交流：漫无边际的，最早被耕种的，生机勃勃的，让人心安的，庄稼茁壮生长的，古老的，默默奉献的，还未被分割的。

教师：我们来体会这些庄稼的特点。

（学生交流这些特点背后的内涵。）

教师总结：行文至此，作者巧妙地把自己的写作意图有意识地借田野表现出来，这种融合了作者的理智、情感，传达了作品的主旨的事物，便是“寄寓物”。解读寄寓物，我们就能抓住作者在文章中想要极力展现出来的思想性。想找寄寓物其实不难，有些散文，题目本身就是，就如此文，又如苏州市2006年的中考阅读题《秋山红叶》《城与人》。

教师：寄寓物不仅能传达作者的写作意图，还能从中读出作者的情感。请大家再读课文，找出文章中表现作者情感的词语。

学生：让人心安。

教师：我们来分析一下这种情感产生的原因。

（学生交流。）

教师总结：可见抓住了动情点，我们就能顺着作者的情感，读出很多隐藏的内容。

教师：我们读出了文章写了什么，作者行文中的情感变化，我们还可以把集中议论抒情的语句语段找出来，读读品品，体会作者的情感、态度、价值观，以便于更完整地归纳文章的主旨。请大家找出此文中集中抒情议论的语句。

（学生交流。）

（1）这些道路经过乡野，但目的是连接那些巨大的城市，或者干脆就是城市插到乡村身上的吸管。资本与技术的循环系统其实片刻不能缺少从古至今那些最基本的物质支撑。但在这样的原野上，至少在我的感觉中，那些城市显得遥远了。（比喻乡村向城市源源不断地输出资源，或城市从乡村汲取资源，换来的是城市的繁荣和乡村的落后）

（2）这些象形字在几千年前，就从这块土地上像庄稼一样生长出来。在我脑海中，它们不是今天在电脑字库里的模样，而是刚刚生长出来时的模样，刚刚被刻在甲骨上的模样，刚刚被铸刻到青铜上的模样。（汉字创造于田野，和农田有关）

（3）让人心安的田野，庄稼茁壮生长的田野，经历了七灾八难仍然在默默奉献的古老的田野，还未被加工区、开发区、新城镇分割得七零八落的田野。（民以食为天，有粮则稳，无粮则乱。目前土地依然有深厚的肥力，庄稼依然生机勃勃，城市开发还未把土地分割得七零八落，所以感到心安。作者没有否定城市化、工业化、商业化、全球化，他是在善意地提醒人们要冷静地看待农业：土地和庄稼，永远是人类最宝贵、最值得信赖的资源，体现了作者的忧患意识和对土地的深厚感情）

教师：由此我们再读标题“大地的语言”。作者透过车窗，看到了大片农田和生长茂盛的庄稼，由此联想到中国的农业文明，想起和农业有关的汉字，想起支撑起农业文明的一辈辈辛苦耕作的农民，并进而想到中国的农耕文明被挤压的现状，不由产生深深的忧虑；但是只要田野、田野上的庄稼和耕作的农民都还存在，他们就像“大地的语言”一样，宣告着农业的重要性和不可或缺。

教师总结：分析议论句，我们走进了作者深层的感情世界，领悟了作品的内在意蕴。

小说名著类

那张网啊

——《孔乙己》教学设计

教学目标

1. 解读“叙述者”的形象以及意义。

2. 学会从叙述者的角度来分析作品的主题。

3. 探究造成孔乙己悲剧命运的原因。

教学重点

小伙计形象及其意义功能。

教学过程

一、导入

《孔乙己》这部短篇小说，是鲁迅先生自认为写得最成功的一篇小说。今天老师就和大家一起学习《孔乙己》。

二、教授

【板块一：检查预习，明确重点】

文章标题非常简洁，一个人名——孔乙己；孔乙己的活动范围限制在——咸亨酒店（学生回答）；酒店出没人员很杂，在场的还有——掌柜、短衣帮（学生回答），还有可能是丁举人、小孩子等（教师板书）。这些人物和孔乙己发生的交集是借助于——小伙计（学生回答）的眼来表现的。

课前预习时，老师布置了这样一项作业："我"在酒店看到的、听到的是怎样的一个故事。

【板块二：概述情节，梳理关系】

学生复述情节。情节分为两块：看到的故事——孔乙己和短衣帮、孔乙己和掌柜；听到的故事——孔乙己和小孩子。

教师：在故事中，你读出了短衣帮和孔乙己是怎样的关系？孔乙己和短衣帮的故事可以围绕一个字，请结合文章中的语句回答。

学生：笑。

孔乙己一到店，所有喝酒的人便都看着他笑，有的人叫道："孔乙己，你脸上又添新伤疤了！"（对弱者无情嘲讽）

他们又故意的高声嚷道："你一定又偷了人家的东西了！"（"又"字，不放松地调侃，连续性地嘲弄）

孔乙己，你当真认识字么？（故意发问，实则嘲笑）

你怎的连半个秀才也捞不到呢？（直刺孔乙己的精神伤疤）

此时已经聚集了几个人，便和掌柜都笑了。（"笑了"，一个生命在他人的笑中逝去，可悲可叹。在这种看似调侃的笑声中，包含着冷酷，包含着对人的精神的麻木不仁的批判）

师生总结：短衣帮和孔乙己同属于一个阶层，照理应该是容易产生同病相怜的恻隐之心，但是短衣帮揭短、嘲笑身为弱者的孔乙己，他们没感觉对孔乙己造成多大的伤害，一次次的紧逼，一次次的精神伤害，使得孔乙己一步步走向悲剧的终结，所以，嘲笑的背后是冷漠。

教师：孔乙己和掌柜的关系可以用一个字概括，请结合原文来阐述理由。

学生：钱。

掌柜正在慢慢的结账，取下粉板，忽然说："孔乙己长久没有来了。还欠十九个钱呢！"

掌柜也不再问，仍然慢慢的算他的账。

掌柜也伸出头去，一面说："孔乙己么？你还欠十九个钱呢！"

掌柜心中钱重于人。

掌柜仍然同平常一样，笑着对他说："孔乙己，你又偷了东西了！"

师生总结：掌柜只有在算账时才想起孔乙己，面对孔乙己不管被打还是致残，总是"仍然慢慢的"嘲弄一下，看似关心，其实内心深处还是透露出一种人情淡薄，因为他关心的只是——钱。

教师：孔乙己和丁举人（穿长衫者）的关系可以用一个字概括，请结合原文来阐述理由。

学生：打。

先写服辩，后来是打，打了大半夜，再打折了腿。

教师：那么丁举人又是何等人物？

学生：靠读书升官发财的人。

教师总结：在那个社会，进学了就有了一切；没进学，就像孔乙己一样，任人欺辱乃至毒打，甚至生命都在他人手里。丁举人压根不同情同为读书人的孔乙己，反而利用自己的权势直接把孔乙己推向死亡的边缘。他和孔乙己的关系也是暴力背后的冷酷。

教师：孔乙己和小孩子的关系可以用一个字概括，请结合原文来阐述理由。

学生：豆。

有几回，邻居孩子听得笑声，也赶热闹，围住了孔乙己。他便给他们茴香豆吃，一人一颗。孩子吃完豆，仍然不散，眼睛都望着碟子。孔乙己着了慌，伸开五指将碟子罩住，弯腰下去说道：“不多了，我已经不多了。”直起身又看一看豆，自己摇头说，“不多不多！多乎哉？不多也。”于是这一群孩子都在笑声里走散了。

教师：孩子为什么而来？

学生：听到笑声，凑热闹。

教师：为什么而散？

学生：吃完豆，还想吃。

教师：在孩子眼里，孔乙己是怎样的人？

学生：怪人。

师生总结：孔乙己在鲁镇，在咸亨酒店，没有得到一个温暖的眼神，没有听到一声关心的话语，他只是人们生活中的笑料，所以“豆”应该改为“逗”。

教师：在复述情节中，我们理顺了人物和孔乙己的关系，如果用一个形容温度的词语来概括这些人和孔乙己的关系，那么这个词是什么？

学生：冷。

教师：那么小伙计呢？小伙计和孔乙己的关系又是怎样的？

（学生交流。）

学生：只有孔乙己到店，才可以笑几声。

在这些时候，我可以附和着笑。

我想，讨饭一样的人，也配考我么？

又好笑，又不耐烦，懒懒的答他道。

我愈不耐烦了，努着嘴走远。

我温了酒，端出去，放在门槛上。

让学生研读这些句子，读出这些句子背后的意味来：

“讨饭一样”，瞧不起孔乙己。

“又好笑”“又不耐烦”“懒懒”，内心真实的想法，这是一种应付。

“努着嘴”“走远”等动作再次写出极不耐烦。

“放在门槛上”，明知孔乙己不能走路，还把酒放在门槛上，换了你，你会怎么做？（学生回答：放在他手里）可小伙计却放在门槛上，这一放放出了人心的冷漠。

教师：请大家再读读这些句子，看看随着故事的进展，小伙计自身的性格以及他与孔乙己、酒客们的关系，也发生了怎样微妙的变化？

学生：从取笑到应付到不耐烦到厌恶，从附和到跟帮再到学样。

教师：在开头部分，小伙计确实呈现了旁观者的客观和冷漠，但后来就参与到故事中来，特别当百无聊赖的孔乙己主动与“我”攀谈，以求心灵慰藉，“我”先是应付，继而不耐烦地走开，不能不让人感到小伙计的精神境界、地位都逐渐向麻木、冷酷的酒客靠拢，最后那个看似随意的“放”字，把一个活脱脱的世故的孩子展现在读者面前，最终我们确信小伙计会是一个怎样的人？

学生：比掌柜更冷酷的人。

教师：也是一个字——冷。

【板块三：总结原因，了解用意】

教师：所有的这些关系（结合板书）是借助小伙计这样的视角来透露给我们读者的。我们思考，如果干脆用孔乙己作为第一人称来叙述，不是更好吗？以短衣帮、掌柜、小孩、丁举人作为叙述主体呢？

（补充）鲁迅的关注从来都是双重的，把“被观察者”和“观察者”同时纳入他的艺术视角，作为他的小说“被观察被描写的对象”。

鲁迅从来不孤立地观察、描写人，而是把人置于与他人的关系中来观察。他总要在他的悲剧的主人公的周围，设置一群“无主名无意识的杀人团”，构成一种社会环境和氛围，在这样的一种氛围中展现主人公的悲剧命运。（钱理群《〈孔乙己〉叙述者的选择》）

教师：基于这样的创作意图，小伙计是再恰当不过的观察点。大家说说自己的看法。

学生：他是酒店之人，所有到店者的一言一行每天尽收眼底，他可以以一个旁观者的身份观察讲述孔乙己的故事。这点是其他人无法做到的。

学生：他又是一个线索性人物，把各路信息聚集在一起。

教师：对，身份处境的优势。

学生：结合小伙计之小，“从十二岁起，便在镇口的咸亨酒店里当伙计”，用少年的眼光可以更真实地、更客观地呈现这个病态的社会。

学生：这位少年的眼里没有温情，有的只是冷静、冷酷，鲁迅先生就是要借助这样一个少年，表现病态社会中病态的人。

教师：对，借这个人，刻画出弥漫在整个社会中的浓重的悲凉。世故的冷漠的少年，不只折射出这个社会中人与人缺失关爱，更重要的是反映出“一般社会对于苦人的凉薄”，这是一个时代的精神状态，是国民的集体麻木。这是这篇小说的主题，鲁迅先生借孔乙己引发读者思考以求变革。

（投影展示。）

凡是愚弱的国民，即使体格如何健全，如何茁壮，也只能做毫无意义的示众的材料和看客。

——鲁迅《〈呐喊〉自序》

暴君的臣民，只愿暴政暴在他人的头上，他却看着高兴，拿“残酷”做娱乐，拿“他人的苦”做赏玩，做慰安。自己的本领只是“幸免”。

——鲁迅《暴君的臣民》

教师总结：作者设计小伙计这样一个人物的匠心所在：他是旁观者身份，是线索性人物，他又有主题性意义，显示了鲁迅非凡的思想和艺术功力。无论是高人一等的丁举人、掌柜，还是社会底层的短衣帮、少不更事的小孩子，共同构成了一张冷酷的网，“我”也是这张网上的一根线。孔乙己在这张愈收愈紧的网中，生活日渐窘迫，终于无所逃，因此结尾说“大约孔乙己的确死了”，“大约”说明肉体死了，“的确”肯定他精神的死亡，造成这个的原因是“一般社会对于苦人的凉薄”。这就是作品的主题，从小人物看大主题，这就是经典的魅力，这就是鲁迅的魅力。

课题：文章的眼睛

——《安恩和奶牛》教学设计

教学目标

1. 多角度分析人物。

2. 课题入手解读文章。

3. 人和动物和谐相处。

教学重点

多角度分析人物。

教学设计

一、观看视频，导入新课

（结合视频）请大家欣赏一段视频，看完后告诉老师，在这段视频中你看到了什么？又看出了什么？

回答要点：不同类的动物能够友好相处，生活得其乐融融。

教师：地球上所有的动物和人都拥有自己的生命与思想，都是平等的。我们人类怎样和动物相处？如今这可是个热门话题，今天我们就随着丹麦作家约翰尼斯·延森去丹麦的瓦尔普峡集市，看看一位老妇人和一头牛之间发生的故事，相信这个故事会对大家有启示。

板书：安恩和奶牛

二、梳理情节，明确主题

请大家轻声读课文，想一想：安恩和奶牛到底发生了什么事？

教师：作者用了“和”联系了安恩和奶牛，如果把它改为“的”，你觉得如何？联系故事情节谈谈你的见解。

学生讨论后归纳：并列式结构的课题，可以看出人和动物是平等的，没有主次之分。

教师：你从文中哪里可以看出安恩和奶牛是平等的？既然安恩和奶牛是平等的，他们之间的关系是并列的，那么中间的连词我们可以用“与、跟”，而作者用“和”，我们可以引申出来，作者想告诉我们什么？（用“和”组个词：和谐的）

回答要点：告诉人们，爱护动物、尊重动物的情感需求。

三、走近人物、分析人物

教师：小说这种文学体裁离不开人物，塑造精彩的人物形象是一篇小说的主要功能和魅力所在。一个精彩人物的影响甚至会超越一篇小说：一个儿童，也许不知道《西游记》是四大名著，但一定能说出会七十二变的——孙悟空（学生回答）；你也许会淡忘《亮剑》，但那个个性鲜明的独立团团长你会记得，他叫——李云龙（学生回答）；你也许不记得《家有儿女》，可应该会记得剧中那个以“新新人”自居的14岁少年——刘星（学生回答）。安恩这个人物就是这篇小说的灵魂。一个老妇人牵着奶牛上集市，只是因为这头奶牛太孤单了，牵来是让它与同类聚聚，散散心的。这样的老妇人实在是太特别了。那么作者是怎样刻画这位老妇人的呢？

【远望安恩】

教师：围绕课题，我们先来谈谈你对安恩的最初印象，在文中找出有关描写安恩的语句，读读品品，回答时请以“我从____________一句中，读出了安恩是个________的人。理由是________________”的句式。

学生1：我从“她身上穿着样式老掉牙的旧衣服，可是很干净”一句中，读出了安恩是个穷困、勤快的人。理由是衣服旧但干净，说明她勤快。

学生2：我从“一块棕褐色的绒线方披肩交叉地盖在她那干瘪瘪的胸上。她戴的那条头巾颜色褪得泛白，七皱八褶，好像是搁在抽屉里有了年头”一句中，读出了安恩是个简朴的人。理由是戴褪色的头巾，说明她是节俭的。

学生3：我从“脚上的木屐连后跟都磨平了，皮面上却抹了油，擦得锃亮”一句中，读出了安恩是个爱美的人。理由是虽然生活贫困，但是她把鞋擦得锃亮，能让贫乏的生活充满亮色。

学生4：我从“她那瘦骨嶙峋的双手拿着毛线针飞快地翩然起舞，除这几根针之外，在她的灰白的头发上另外还横插着一根”一句中，读出了安恩是个勤劳的人，理由是通过外貌和动作描写，看出虽然她年纪大了，但是干活飞快。

学生5：我从“她站在那里，竖起耳朵凝神倾听着杂货摊上飘过来的音乐声，也不时抬头看看身边熙来攘往的人群和买卖交易的牲口”一句中，读出了安恩是个有高尚趣味的人。理由是这句是对老太的动作和神态描写，看似随意却有深刻含义。前面我们读出人物生活的艰难，但是艰难之中尤其难能可贵的是她热爱音乐，而且凝神倾听，说明她有高尚的精神追求，生活过得有尊严，也许这一切对她来说是美的生活，她满足于这种生活。

学生6：我从“然而她却站在那里晒着太阳，打着她的毛袜。哦，真是旁若无人，安闲得很”一句中，读出了安恩是个特别的人。理由是集市是做买卖的地方，人们以为到这里来的都是做买卖的，可是她却是旁若无人，安闲得很。

教师：安恩的这些性格，作者是通过什么方法体现出来的？

回答要点：外貌、神态、动作，用流行的话说就是一个人的穿衣打扮、举手投足。

教师：从对人物的描写中，我们初步认识了安恩。可是对她的性格，联系文章的主题，你有没有疑惑？

回答要点：这些性格不能体现她对奶牛的爱护、尊重。文中哪一个情节直接把安恩和奶牛联系起来，又把安恩性格中对动物的爱和尊重表达出来了？

【近视安恩】

教师：（适时引导）安恩三次拒绝卖奶牛。

（1）四个一组，设计朗读。

（2）安恩的回答仅有三句话，三次回答表示的意思是否相同？

（3）语气和句式是否相同？我们自己读读看，为什么不同？

回答要点：不同，因为三位买主对牛的态度不同，所以安恩的语气也不同。第一句陈述句，语气平淡。第二句感叹句，语气强烈。第三句否定句，语气极其坚定。安恩这样的语气主要是针对不同的买主。

（4）三位买主对牛的态度怎样不同？由此可见三位买主的身份是否相同？文中有没有隐藏的信息？

回答要点：第一个是商人，他只是摸摸奶牛的皮毛。第二个是屠夫，他用藤杖敲了敲奶牛的牛角。安恩很不愿意自己的奶牛被这样一个精明的屠夫看上，也厌恶他粗鲁地对待自己的奶牛。第三个是死乞白赖的厚脸皮之人，安恩很是厌烦，所以态度很坚定，一口回绝。

（5）买主对牛的态度直接影响了安恩的态度，除了表示不卖，安恩三次回答之后还有不同的表现。

（6）从安恩的表现看，三次回答，我们应该用怎样的语气来读？

（学生分角色朗读。）

集市本是做生意的地方，人们前来问价很正常，安恩却一再拒绝。言为心声，安恩的三次拒绝实际已把安恩的性格展露无遗，这样由表及里，我们看出安恩不仅是一个贫困、勤劳、简朴、慈爱、爱美的人，还是一个仁慈的、有爱心的人，有着高尚的精神追求，也只有具备她那样性格的人，才会牵着牛儿来散心，我们常说性格决定命运，因此安恩不卖奶牛就不足为奇了。对安恩的人物分析，老师是要告诉大家，对人物性格的刻画可以直接通过对人物的外貌、动作、神态、语言等描写来体现。打个比方，如果把人当作一个模特，那么这些描写就如同给这个模特涂脂抹粉，化妆打扮，这样就使她的形象一下鲜亮起来，性格一下凸显出来。

教师：从文章中我们不难发现：作者也花了大量笔墨写奶牛，想一想，对奶牛的描写又和表现安恩的性格有什么关系？

学生1：“那头奶牛依偎在她的身边，头蹭着她的肘部。”可以看出奶牛和安恩的关系很亲密，“依偎”这一动作写出了奶牛对安恩的信任和依恋。奶牛之所以依恋安恩，是因为安恩平时对它的照料和关爱。

学生2：“可这是一头很好的牲口，毛色鲜亮，连半根杂毛也没有，可以看得出来，它是出身真正高贵的纯粹良种。”毛色鲜亮，是安恩时常为它清洁打扫的结果，可见写奶牛还是为了衬托安恩的性格。

学生3：“它是一头好母牛，而且显而易见已经成熟到可供屠宰的地步，不久就有人来端详它，用手指摸摸它那刷洗得干干净净的皮毛。”“刷洗得干干净净的皮毛”可以看出安恩不仅自己能够干净利落，对待自己的奶牛也是照顾得周到仔细，她对待奶牛就像对待子女那样，将它洗刷得干干净净，一尘不染。这里我们很容易读出安恩对奶牛的爱。

教师归纳：写奶牛还是为了突出安恩的性格。

教师总结：对人物的刻画，不能只孤立地分析安恩这个人，也不能只看奶牛，要把两者结合起来，标题中的“和”字，就提醒我们不能忽视和主要人物有密切联系的人、物。分析人物时要有机地融合两者，这样人物的形象才更丰满，性格更鲜明，对主题的凸显也更有力。

四、发挥想象，仿写人物

课文结尾，安恩道出原委，讲明了自己不卖奶牛的真实原因，集市上的贩子、屠夫、围观的人会有怎样的表现？请你选择一类人，发挥想象，对这类人进行描写。

教师指导：从人物的动作、神态、语言入手进行描写，不要写成内心生发的对安恩的评价。

五、结束

（结合视频）同学们，这堂课我们认识了一个善良仁爱的安恩，学习了怎样刻画人物。最后送给大家一句话：只有人和动物和谐相处，这个世界才是一个真正美好、充满爱的世界。

从一个人看一个社会

——《骆驼祥子》教学设计

教学目标

1. 了解小说情节，掌握人物形象。

2. 强化阅读意识，教学阅读方法。

3. 感受作家情感，体悟作家真意。

教学重点

1. 强化阅读意识。

2. 教学阅读方法。

教学过程

一、导入

经典名著汇聚了文学中永恒的宝贵品质：冷峻、悲悯、庄重。因此基于经典的名著阅读，才有可能是有效的、理想的阅读。老师喜欢读名著，名著中的悲剧作品总是呼唤我们共同正视生活的残酷和斗争的艰巨，以及小说人物精神上的各种痛苦。《骆驼祥子》就是这样一部作品。

今天我们一起上一节《骆驼祥子》名著阅读初始化导读课。（请两位学生上黑板写下书名）

二、教授

（一）看导读，明大意

教师： 书名就像人的眼睛，透过这双眼睛，我们能洞察书的内容。现在，请同学们先大声读出书名，然后猜一猜，当你拿起书，还没看，你会猜到这部书是写什么内容的？同学们可以参考大屏幕上的提示。

由书名《骆驼祥子》，我猜到这本书是写________________。

（学生交流。）

教师： 同学们的猜读很有趣，阅读名著时，的确可以通过书名来猜想书的内容。要准确把握小说的内容，我们需要一根拐杖，那就是语文教材上的名著导读。接下来，请大家打开书，阅读到 73 页末，圈点勾画出自己感兴趣的内容，并结合大屏幕上的提示进行回答。

由导读，我知道了《骆驼祥子》这本书________________。

快速浏览节选，以跳读方式，4 人一组，合作学习语文教材上的节选，然后根据屏幕提示结合课文思考。

由第________段第________句，我看到了一个______________的祥子。

（学生交流。）

（1）他年轻力壮。

（2）可是在这种旋转之中，他的眼并没有花，心并没有乱，他老想着远远的一辆车，可以使他自由，独立，像自己的手脚的那么一辆车。

（3）他不怕吃苦，也没有一般洋车夫的可以原谅而不便效法的恶习，他的聪明和努力都足以使他的志愿成为事实。

（4）生长在乡间，失去了父母与几亩薄田，十八岁的时候便跑到城里来。

（5）带着乡间小伙子的足壮与诚实，凡是以卖力气就能吃饭的事他几乎全做过了。

（6）他相信自己有那个资格：他有力气，年纪正轻。

（7）但这不是不能克服的困难，有他的身体与力气作基础，他只要试验个十天半月的，就一定能跑得有个样子……他必能自己打上一辆车，顶漂亮的车！看着自己的青年的肌肉，他以为这只是时间的问题，这是必能达到的一个志愿与目的，绝不是梦想！

教师：名著导读的提示蕴含的信息很丰富，再请大家默读一分钟，老师考考大家。

《骆驼祥子》的主人公是＿＿＿＿＿＿，＿＿＿＿是他的外号。

他本是农村人，在兵荒马乱中被抢走了车，却冒险牵回了三匹＿＿＿＿。

进城后他以＿＿＿＿为生。他最大的愿望是＿＿＿＿。

他的愿望一次又一次地破灭了，他与命运的抗争最终以惨败告终。这一次又一次，你能补充相关情节吗？当然，老师觉得有点难，但是我相信有同学读过，请他来介绍一下。

（学生交流。）

教师总结：刚才的考题都出自于导读，想一想，老师一开始让大家读题目猜内容，又借助导读，阅读了片段，大致了解了这部书的内容，总结一下阅读名著的方法，我们需要一根拐杖——看导读，明大意。

（二）理关系，析人物

教师：小说的成败，是以人物塑造为标准的。世事万千，转眼即逝，只有人物是永垂不朽的。读《骆驼祥子》，大家最想了解的人是谁？

学生：祥子。

教师：《骆驼祥子》之所以成为老舍创作道路上的一块里程碑，首先是他塑造了祥子这样一个性格鲜明、血肉丰满的城市个体劳动者的典型悲剧形象。除了他，同学们还知道哪些人？

学生：夫妻关系——祥子和虎妞

主雇关系——祥子和刘四爷

爱恋关系——祥子和小福子

同行关系——祥子和二强子、老马

教师：这些人和祥子的经历交织在一起，逐渐丰满出祥子的性格特点。屏幕出示老北京风情世态图（刘四爷、虎妞、小福子、老马和小马祖孙、孙侦探）。请大家选择一个人物，说说这个人物和祥子之间发生的一个故事，并用一句话总结这个人物对祥子的影响。

（学生交流并展示。）

学生：刘四爷——人和车厂厂主：城市剥削者。

虎妞——她作为一个活在变态社会里的老姑娘，一方面，有着自己的苦闷和追求幸福却无法正常实现的愿望；另一方面，剥削阶级意志已渗入她的灵魂，祥子与虎妞的婚姻历程就是一部虎妞对祥子的感情折磨史，情感的折磨日积月累就成了悲剧。

小福子——小福子一度成为祥子生活的希望，她也是祥子生活的唯一支柱。小福子的死给祥子的打击，是他沦为混混的致命点，她的死标志着祥子彻底地走进了生命的死胡同。

老马和小马祖孙——和祥子一样的底层车夫，老马的今天就是祥子的明天，侧面补充说明祥子的命运是不公平社会中穷苦人无法逃脱的共同命运。

孙侦探——反动警察、爪牙。诈走了祥子好不容易积攒的全部买车钱，使祥子的理想再次破灭。

教师总结：大家畅所欲言，分享自己的阅读收获。这些人都对祥子的人生产生了这样那样的影响，正因为有了他们，祥子的性格更立体，形象更丰满。所以阅读名著，我们需要一颗慧心——理关系，析人物。

（三）借他论，悟真意

教师：作者为什么要塑造祥子这个人物？

（学生交流。）

教师：这个问题大家是不是觉得很难？那老师教大家一个方法，上网查询背景，比如作者的创作风格，别的作家的评论，后来学者的研究成果。

（出示投影。）

老舍（1899—1966），我国现当代著名作家和人民艺术家，原名舒庆春，字舍予。老舍从小就熟悉城市贫民的生活，不满各种不合理的社会现象，同情生活在社会底层的人。主要作品有短篇小说《月牙儿》和长篇小说《骆驼祥子》等，这些作品多取材于城市底层人民的生活，对旧社会持揭露和批判的态度。

《骆驼祥子》这部作品通过祥子这一形象，为人们提出了一个十分严肃和迫切的社会问题：旧社会底层人民的命运和出路问题。这显示了《骆驼祥子》这一作品的深刻思想意义和现实意义。

请大家看投影，筛选重要信息。

学生：（1）熟悉城市贫民的生活，不满各种不合理的社会现象，同情生活在社会底层的人。

（2）对旧社会持揭露和批判的态度。

（3）旧社会底层人民的命运和出路问题。

教师：老舍先生的经历决定他的写作视角聚焦于这个社会的底层人民。旧社会不仅夺去了祥子的车，抢走了祥子用汗水积攒起来的钱，更可怕的是，还夺走了祥子纯洁的灵魂和劳动人民的美德，毁灭了他的灵魂。对一个人来说，没有任何东西比灵魂更可贵，没有什么比失去灵魂更悲哀的了，作者正是通过祥子这一形象，强烈地控诉了旧社会的黑暗和罪恶。

（出示投影。）

老舍及其艺术的独特性首先在于，他是中国现代文学史上最杰出的市民社会的表现者与批判者。这不仅是指他的艺术世界几乎包罗了市民阶层的一切方面，显示出他对于这一阶层的百科全书式的知识，更重要的是，他经由对自己的独特描写对象——市民社会，而且是对北京市民社会的发掘，达到了对于民族性格、民族命运的一定程度的艺术概括，达到了对于时代本质的某种揭示。（赵园：《老舍——北京市民社会的表现者与批判者》，《兰州大学学报》1984 年第 1 期）

学生：对于民族性格、民族命运的一定程度的艺术概括，达到了对于时代本质的某种揭示。

（出示投影。）

老舍小说与其他京味小说最大的区别在于，它不仅仅是一种怀旧的风俗描写，而且是在其中寄托着对民族性的深刻反思和沉痛批判。作家把理性的思考融入形象的描绘之中，形成了一种含蓄的讽刺笔调，特别适合作品所要表现的民族风习和反思国民性的需要。（于启莹《京味市民小说三家》）

学生：表现民族风习和反思国民性的需要。

教师：那么民族性格、民族命运、民族风习在本小说中集中体现于典型人物祥子的身上，一个人折射了一个社会。

（出示投影。）

说真的，自己并没有什么过错。一切都是她布置好的，单等他来上套儿。毛病似乎是他太老实，老实就必定吃亏，没有情理可讲！

（画外音）在虎妞和夏太太的伤害中，固然是她们设好圈套让祥子钻，但同时也是由于祥子缺少足够的意志力战胜自己的本能冲动。祥子自己对此没有进行丝毫反省。

（出示投影。）

她可以不管二强子，也可以不管两个弟弟，她必须来帮助祥子。

（画外音）小福子“为教弟弟们吃饱，她得卖了自己的肉”，而祥子深爱小福子，却因为她肩负着养家的责任而离开她；即使在最美好的爱情憧憬中，祥子仍然只想着自己。

（学生读，结合画外音。）

教师：祥子骆驼一般的顽强生命力，仅仅表现在肉体的吃苦上，表现在正面的人生努力上，但是一遇到事，他又是怎么做的呢?

学生：表现在对灾难的承受力和反抗力上的软弱。憨厚沉默的祥子实际上也生着一颗善感脆弱的心。

学生：不找自身原因，很自私。

教师：他显然不是挣扎到完全走投无路的时候而放弃人生追求的，而是从生活经验中预计到未来也是黑暗就停止了奋斗。当外在的力量压迫生命的时候，祥子总是既没有去分析压迫的根源，引出抗争的愿望，也没有去内省自己的个性，增强反抗的力量。

原来祥子自己的性格确实具有骆驼般的吃苦耐劳，但是这种坚韧只是体现在他的体力方面，面对灾难，他却只是把原因归咎于自己的老实，更不要说他去思考自己遭遇厄运的本质根源。正如我们时常说的性格决定命运。所以说是祥子自身的性格特点决定了他的悲剧命运。

教师总结：控诉旧社会的黑暗。（社会）

提出底层人民的出路问题。（生存）

反思民族风习和反思国民性的需要。（人性）

换言之，只有社会变了，国民思想进步了，底层百姓的出路才是阳光大道。

（四）观影视，做对比

教师：有的同学在之前读名著时经常抱怨：现在很多名著都被改编成了影视作品，我还是喜欢看电视剧或者电影。老师今天就和大家一起尝试一下一种新的阅读名著的方法——对比影视作品阅读名著。现在，请大家欣赏影视片段（《在烈日和暴雨下》），然后 4 人一组，思考：影视作品表现了什么内容？祥子此时在想什么？

学生：祥子在暴雨中拉车。雨大风大，祥子内心挣扎，想歇歇再走。

教师：这段影视作品表现的内容，原文老师也下发了。请大家齐读。

（学生齐读。）

教师：大家对比一下，视频和原著哪个更能表现祥子内心的挣扎？

学生：原著。

教师：文字蕴含了无穷无尽的魅力，原著中的景物描写，人物的心理描写，给我们带来更多的遐想空间，更能表现祥子所处境遇的恶劣，从而体现他命运的悲惨。所以，要想获得更丰富的阅读体验，还是要读原著，而不是看影视作品。

原著中还有许多精彩的内容：三次买车，怒辞杨宅，遭遇敲诈，被迫结婚，产子妻死，希望重现，福子自尽，丧失希望，出卖阮明，沦为恶棍。

妙语佳句：

◆雨下给富人，也下给穷人；下给义人，也下给不义的人。其实，雨并不公道，因为下落在一个没有公道的世界上。

◆爱与不爱，穷人得在金钱上决定，“情种”只生在大富之家。

◆经验是生活的肥料，有什么样的经验便变成什么样的人，在沙漠里养不出牡丹来。

◆最伟大的牺牲是忍辱，最伟大的忍辱是预备反抗。

咀嚼人物：

◆为什么要塑造阮明这个人物形象？

◆小说中有很多小人物，比如高妈、夏太太，这些人对祥子的人物塑造起什么作用？

三、结束

同学们，老师希望今天的课，能让同学们对看似冗长的《骆驼祥子》产生浓厚的阅读兴趣，用一个人来看一个社会，用一本书来带动一类书的阅读，强化一种阅读意识，并学习一些阅读名著的方法。现在，我们总结一下今天学习的方法，大家齐读：

看导读，明大意

理关系，析人物

借他论，悟真意

那么怎样读原著呢？大家一起大声朗读：

多读书，好读书，读好书，读整本书。

诗词话水浒

——《水浒传》教学设计

教学目标

1. 关注章回小说中诗词的巧妙运用。

2. 学习诗词在章回小说情节发展中的作用。

3. 感受中华传统文化的博大精深。

教学重点

了解诗词在章回小说情节发展中的作用。

教学过程

一、导入

同学们，大家读《水浒传》，通常关注最多的是一百零八条好汉的命运起伏，不太去注意书中的诗词描写。其实，《水浒传》里面的诗词，包括对联形式的回目共有576首，今天，老师就和大家来研究一下《水浒传》中这些锦上添花的佳句。

二、关注诗词

教师：《水浒传》是我国古代四大名著之一，它的体裁属于哪一种？

学生：章回体小说。

教师：何谓章回体？

学生：一回回，一章章。

教师：对！每回都有回目，我们看目录就清楚这种小说的特点，翻到引言，在小说的介绍中就出现了诗词，大家找一找，作者把这些诗词安放在什么位置？

学生：开头。

教师：开篇诗。

学生：结尾。

教师：收尾诗。

学生：中间。

教师：过程诗。当然这里的诗是一个广义的范畴，它还包含了词。大家在阅读小说的过程中，有没有跳过这些诗词？有没有思考过一个问题：作者为什么要写这些诗词？

（学生交流。）

教师：要回答这个问题，就又要回到小说的体裁上（出示投影），章回体作品穿插诗词，源于说书艺人在说书时的吟诵，起到先声夺人或形象描绘的艺术效果。大家翻翻我们的名著，基本每回都有诗词，我们姑且不论这些诗词的质量，《水浒传》里的诗词涉及内容非常多。

三、猜读诗词

（出示投影。）

《水浒传》中的乡村

田园广野，负佣庄客有千人；家眷轩昂，女使儿童难计数。正是：家有馀粮鸡犬饱，户多书籍子孙贤。（第二回：王教头私走延安府）

《水浒传》中的雪景

银迷草舍，玉映茅檐。数十株老树杈桠，三五处小窗关闭。疏荆篱落，浑如腻粉轻铺；黄土绕墙，却似铅华布就。千团柳絮飘帘幕，万片鹅毛舞酒旗。（第十一回：林冲雪夜上梁山）

《水浒传》中的夏日

赤日炎炎似火烧，野田禾稻半枯焦。农夫心内如汤煮，楼上王孙把扇摇。（第十六回：吴用智取生辰纲）

《水浒传》中的酒馆

门迎溪涧，山映茅茨。疏篱畔梅开玉蕊，小窗前松偃苍龙。乌皮桌椅，尽列着瓦钵磁瓯；黄泥墙壁，都画着酒仙诗客。一条青旆舞寒风，两句诗词招过客。端的是：走骠骑闻香须住马，使风帆知味也停舟。（第三十二回：武行者醉打孔亮）

教师：这些诗词写了什么内容？

学生：景物。

教师：下面还有，我们再看。

（出示投影。）

万卷经书曾读过，平生机巧心灵。六韬三略究来精。胸中藏战将，腹内隐雄兵。谋略敢欺诸葛亮，陈平岂敌才能。略施小计鬼神惊。（智多星吴用）

眼如丹凤，眉似卧蚕。滴溜溜两耳垂珠，明皎皎双睛点漆。唇方口正，髭须地阁轻盈；额阔顶平，皮肉天仓饱满。坐定时浑如虎相，走动时有若狼形。年及三旬，有养济万人之度量；身躯六尺，怀扫除四海之心机。上应星魁，感乾坤之秀气；下临凡世，聚山岳之降灵。志气轩昂，胸襟秀丽。刀笔敢欺萧相国，声名不让孟尝君。（及时雨宋江）

雾鬓云鬟娇女将，凤头鞋宝镫斜踏。黄金坚甲衬红纱，狮蛮带柳腰端跨。霜刀把雄兵乱砍，玉纤手将猛将生拿。天然美貌海棠花，一丈青当先出马。（扈三娘）

教师：这些诗词则是在________（学生回答）。

学生：刻画人物形象。

教师：再往下看。

（出示投影。）

都监贪婪甚可羞，谩施奸计结深仇。岂知天道能昭鉴，渍血横尸满画楼。（第三十一回：张都监血溅鸳鸯楼）

沂岭西风九月秋，雌雄猛虎聚林丘。因将老母身躯啖，致使英雄血泪流。手执钢刀探虎穴，心如烈火报冤仇。立诛四虎威神力，千古传名李铁牛。（第四十三回：黑旋风沂岭杀四虎）

教师：这些诗句则是________（学生回答）。

学生：概括情节。

四、感受诗词

教师：这些诗词虽内容庞杂，涉及很多，可运用巧妙，与小说浑然一体，为小说锦上添花。那么，这些诗词对于小说的情节有什么作用呢？我们就以第十六回“杨志押送金银担　吴用智取生辰纲”为例，具体分析。请大家把书翻到第十六回，再次快速浏览全回，同时找出全回中的诗句，并找一例具体分析。

（出示投影。）

（1）《鹧鸪天》：

罡星起义在山东，杀曜纵横水浒中。可是七星成聚会，却于四海显英雄。　人似虎，马如龙，黄泥冈上巧施功。满驮金贝归山寨，懊恨中书老相公。

这首诗用在开篇，概括了本回的主要内容，让读者对本章的情节有了基本的了解，以便更好地阅读。

（2）玉屏四下朱阑绕，簇簇游鱼戏萍藻。
簟铺八尺白虾须，头枕一枚红玛瑙。
六龙惧热不敢行，海水煎沸蓬莱岛。
公子犹嫌扇力微，行人正在红尘道。

这几句诗说明炎天暑月，那公子王孙在凉亭上水阁中，浸着浮瓜沉李，调冰雪藕避暑，尚兀自嫌热。怎知客人为些微名薄利，又无枷锁拘缚，三伏内只得在那途路中行。

诗句也隐含了两种阶级的对立，把当时的背景在不经意的文字中流露出来。

教师：下文哪首诗也是这样的写法？

学生：赤日炎炎似火烧，野田禾稻半枯焦。

农夫心内如汤煮，楼上王孙把扇摇。

教师：对，天气热，农夫如汤煮，王孙把扇摇，官逼民反啊！那么文中还出现了哪些诗句写天热？

学生：祝融南来鞭火龙，火旗焰焰烧天红。

日轮当午凝不去，万国如在红炉中。

五岳翠干云彩灭，阳侯海底愁波竭。

何当一夕金风起，为我扫除天下热。

（学生齐读这三首诗。）

教师：作者为什么要反复写天气热？这和本回的智取生辰纲有什么联系？

学生：天热，行路之人口渴，军士们又押送生辰纲，苦不堪言，为下文他们要买酒喝作铺垫。

教师：哦，原来是天时。

学生：揭示背景，说明官逼民反。可以说是渲染气氛，推动情节发展。

教师：哦，原来有用意的，你们看，我们细细读就能发现作者的意图了。还有其他诗词吗？

学生：有。

顶上万株绿树，根头一派黄沙。嵯峨浑似老龙形，险峻但闻风雨响。山边茅草，乱丝丝攒遍地刀枪；满地石头，磣可可睡两行虎豹。休道西川蜀道险，须知此是太行山。

教师：“一派黄沙”“满地石头”说明了地势的险峻与荒凉。“山边茅草”“遍地刀枪”“虎豹”说明了此处常有强人出没。这些诗句突出了黄泥冈的地势，吴用选择在这个地方劫持生辰纲，足见他的足智多谋。（利用有利地势）

分析到此，我们不难发现这些诗句或揭示背景，或渲染气氛，或蓄势铺垫，目的都是在推动情节的发展。再看收尾诗：

虽然未得身荣贵，到此先须祸及身。

杨志醒来，见失了生辰纲，便想寻个死处，撩衣破步，望黄泥冈下便跳。作者用这一首诗又有什么作用？

学生 1：说明杨志的命运是必然的。“断送落花三月雨，摧残杨柳九月霜”可见。

学生 2：概括杨志的理想破灭，和开篇诗相呼应，使结构完整。

教师总结：可见小说中融进大量诗词，不是作者随意而为，乃是有意用之：揭示背景，概括全文，渲染铺垫，暗示命运，呼应总结，表达情感。

五、溯本追源

小说中夹杂大量的诗、词、曲，这是中国古典小说有别于世界上任何小说文本的最显著标志。之所以如此，有两种解释，一种是受讲唱文学的影响；另一种是（出示投影）鲁迅提出的“大约是受了唐人的影响”。宋元时期，通俗小说如雨后春笋般迅速发展起来，小说的故事情节夹杂着大量的律诗；到了明代，随着小说诗歌的定型，章回小说的基本模式也逐渐形成，于是《水浒传》应运而生，其在诗歌的数量和使用的密度上达到了高峰，成为当时小说中的佼佼者。

六、结束

同学们，将诗歌嵌入小说，侠义豪情加进诗意，提高了小说的整体艺术水平，这些诗词不仅描写景物、刻画人物，而且在推动情节发展方面也起到了很大作用。这种创作方法为小说增添了不一样的色彩，这也是我们读名著时不可忽视的。大家有兴趣也可以看看其他三部名著中的诗词，感受中华传统文化的博大精深。

从猴性到人性再到神性

——《西游记》教学设计

教学目标

1. 梳理情节，了解孙悟空三次出走的原因。

2. 品词析句，体会孙悟空内心情感的转变。

3. 通过分析孙悟空的转变，鼓励学生树立不断完善自我的信念。

教学重点

1. 教学重点：比较阅读，分析孙悟空三次离开的不同之处。

2. 教学难点：感悟到孙悟空在西行路上的成长，以及对唐僧的“情义”。

教学过程

一、导入

教师：《西游记》中，唐僧师徒最终能取得真经的原因是什么？

预设：师徒四人团结一致。

教师：他们之间有没有过矛盾？

预设：猪八戒和孙悟空有过矛盾，唐僧和孙悟空有过矛盾。

教师：今天我们就一起来解读唐僧与孙悟空之间的矛盾，其中表现最为激烈的就是孙悟空的三次离开。

设计意图：由《西游记》中的“矛盾”导入，由学生熟悉的情节引出本课教学内容，激发学生学习兴趣。

二、检查预习

教师：老师先来检查下大家的预习是否充分，孙悟空的三次离开分别是在哪几回中呢？

（1）齐读孙悟空三次离开的回目名。

预设：学生齐读。

第十四回　　心猿归正　六贼无踪

第二十七回　尸魔三戏唐三藏　圣僧恨逐美猴王

第五十六回　神狂诛草寇　道昧放心猿

（2）情节再现。

以“我印象最深刻的是第________回中，孙悟空因为________（原因），离开了取经队伍”句式交流。

预设：学生交流。

第十四回，孙悟空因为杀了六个强盗，离开取经队伍。

第二十七回，孙悟空打死了白骨精变的人，唐僧误以为他杀了好人，猪八戒在边上撺掇，离开了取经队伍。

第五十六回，孙悟空打死了想要杀死他们的强盗，离开了取经队伍。

设计意图：通过预习作业的检查，帮助学生明确了具体回目；梳理情节，了解孙悟空离开取经队伍的大致原因。以一句话形式的表述，又锻炼了学生的概括能力。

三、教授新课

（一）知情节

教师：通过刚才的环节，老师发现大家的预习都很到位。从刚才大家对情节的概括中，我们可以发现，孙悟空的三次离开是有区别的。下面，就让我们来找找看有哪些不同。

请大家以小组为单位，可以分工合作，快速浏览，比较三处文字，思考：三次离开有哪些不同的外在表现？要求：结合语句，提炼词语；然后组内交流，完成表格。

预设：学生阅读，结合语句，比较不同。组内交流，完成表格。小组展示，出示表格。

不同点	离开原因	到了何处	如何归来	走时状态
第一次	主动离开	东海龙宫	龙王劝说	说走就走
第二次	唐僧赶走	回花果山	八戒义激	再三乞求
第三次	唐僧赶走	南海观音	菩萨送回	走了又回

设计意图：通过孙悟空三次离开的不同点，学生基本能看出孙悟空的改变，由之前的主动离开，到唐僧三次驱逐才离开，再到后来的走了又回，可以看出他对唐僧的感情正由“义”向“情”转变。而他本身也从做事鲁莽、比较自我的“妖猴”，向心性沉稳的“斗战胜佛”发展。而这些外在的变，都是源自他内心的转变，为下一环节深入探究悟空的心理做铺垫。

（二）品情感

教师：外在表现的不同其实源自内心世界的不同，接下来，让我们深入探究孙悟空当时的内心世界。

如果我们要表现一个人物的内心世界，可以通过哪些描写方法来刻画？

预设：心理描写、动作描写、语言描写、神态描写。

教师：请大家跳读三次离开时描写孙悟空的句子，感受孙悟空当时的内心世界，并完成孙悟空的情感发展图。

预设：

第一次

悟空道："师父，我若不打死他，他却要打死你哩。" 理直气壮

行者道："不瞒师父说，我老孙五百年前，据花果山称王为怪的时节，也不知打死多少人；假似你说这般到官，倒也得些状告是。"

不知悔改

原来这猴子一生受不得人气。他见三藏只管绪绪叨叨，按不住心头火发道……他就使一个性子，将身一纵…… 不服说教

第二次

行者道："师父，我回去便也罢了，只是不曾报得你的恩哩。"

知恩图报

行者道："师父又教我去？回去便也回去了，只是一件不相应。"

想方设法留下

行者道："师傅错怪了我也……去便去了，只是你手下无人。"

不愿离开

那大圣一闻得说，他两个是人，止不住伤情凄惨……假如再来见你，不如不作此意。 再三祈求

大圣……却又分付沙僧道："……你就说老孙是他大徒弟……"

有情有义

第三次

却说孙大圣恼恼闷闷……苦自忖量道："罢！罢！罢！我还去见我师父，还是正果。" 想修正果

大圣……忽然省悟道："这和尚负了我心，我且向普陀崖告诉观音菩萨去来。"　　想借助菩萨回归队伍，意志坚定

（学生边交流，边完成板书。）

教师：通过对孙悟空内心情感的探究，我们感受到了他的成长，也感受到了他的成熟，那么，作者是不是也想借这三次离开来表现孙悟空的成长和成熟呢？

我们再来齐读一下三回的回目，圈画出回目中相对应的动词，感受一下这三个动词的区别。

预设：

第十四回：归正——孙悟空之前虽然神通广大，但确是"妖"，大闹天宫后被如来佛祖压在五行山下，在观音的指点下，归顺了唐僧，但是他的自负并没有改变，这次离开回来后，他戴上了"紧箍"，从此有了约束，而不再是没人管教、无法无天的妖猴，他开始走上了正道。

第二十七回：逐——"逐"有"驱逐"之意，这个动作是唐僧发出的，可见这次的离开并不是孙悟空主动提出的，此时孙悟空已经有了团队意识，对唐僧也有了"情"，不忍离去，做事已经开始不是我行我素了，临走时还不忘关照师弟照顾师父。

第五十六回：放——"放"有"解放"之意，唐僧虽然"放"孙悟空归山，孙悟空却选择到观音处，想借助观音再次回到西行队伍，可见孙悟空想要修成正果决心之坚定。

设计意图：通过深入探究孙悟空的内心世界，不仅感受到他内心世界的变化，还能感受到他心灵的成长和成熟。再次回到三回的回目名，从回目中的动词的运用，了解作者安排孙悟空三次离开的用意。

（三）析人物

教师：除了孙悟空的三次离开，还有哪些情节可以看出孙悟空在

西行路上思想趋向于成熟，对唐僧的情感也由“义”向“情”转变？请大家再次快速地浏览全书目录，回忆情节。

预设：

第三十一回：孙行者智降妖怪——孙悟空用计骗黄袍怪迎战。

第三十四回：大圣腾那骗宝贝——孙悟空变成小妖偷到了妖怪的宝贝。

第三十七回：悟空神化引婴儿——孙悟空变作兔子和“立帝货”骗乌鸡国太子来寺庙中，并告知他具体情况。

第五十二回：悟空大闹金皘洞——孙悟空去为唐僧化缘，但唐僧被抓，孙悟空将斋饭交给土地公公保管，救出唐僧后再次将斋饭奉上，一片忠心。

第五十三回：黄婆运水解邪胎——孙悟空和沙僧用“调虎离山”计得到如意真仙的落胎泉水。

第六十二回：涤垢洗心惟扫塔——唐僧深夜扫塔，悟空始终陪伴。

设计意图：通过再次阅读全书回目，回忆内容，可以帮助梳理情节，让学生发现孙悟空的转变不局限于这三回中，而是贯穿在全书中的，也能鼓励学生再次去阅读《西游记》，发现之前没有关注到的内容。

四、结束：推荐阅读

教师：在西行队伍中，除了孙悟空前后有重大的转变，其他三个成员呢？我们不妨再次阅读《西游记》，看看这次你有什么新的发现。

设计意图：通过对孙悟空这一人物的分析，让学生读到之前没有发现的内容，激发他们再次阅读《西游记》的兴趣，同时，也培养学生深入阅读整本书的习惯。

作文类

读题目，抓关键

——“初一新生作文入门课”教学设计

教学目标

1. 教会学生从题目入手，明确写什么。

2. 引导学生拓宽思维，广泛选材。

教学重点

带领学生“读题目，抓关键”，打开初中作文之门。

教学过程

教师： 同学们，初中生活开始了，你来到了一个新的学校和新的班级，结识了新的同学和新的老师，学习生活也有了许多变化，你一定会有许多新的感受，对新的生活也一定有自己的认识，写一篇文章《夸夸我的新朋友》把你的感受表达出来。

（请学生写作文题目，读题目三遍。）

教师： 拿到作文题目，我们在动笔之前，首先要认真读题目，对题目中每一个字和标点都要认真阅读，然后仔细分析题目，审查题目的要求，确定选材范围，决定与题目相适应的体裁、内容、行文重点、写作方法和确定文章的中心主题。有些学生在写作文时由于没有养成认真读题目的习惯，甚至连作文的题目和要求都不细看，提笔就写，拿笔就画，结果出现偏题、跑题、扣题不紧的问题，有的甚至出现“下笔千言，离题万里”的悲剧。

下面，我们来看这篇作文——《夸夸我的新朋友》。

第一，大家觉得这篇文章被写的对象是什么？

预设：新朋友。

教师：新朋友，依据你的理解，你认为哪些是你的新朋友？

预设：采用各组比赛的方式，让学生到黑板上来写。

教师：除此之外，大家再想想。可写的很多，比如语文教材中的《为你打开一扇门》。

（学生读关键语段。）

一个时代的优秀文学作品，是这个时代的缩影，是这个时代的心声，是这个时代千姿百态的社会风俗画和人文风景线，是这个时代的精神和情感的结晶。优秀的文学作品，传达着人类的憧憬和理想，凝聚着人类美好的感情和灿烂的智慧。

“文学”的概念很大，我们缩小为“语文”，但是我们小学就开始学习语文了，何以又称为新朋友呢？

（学生交流。）

教师总结：新的心声，新的缩影，新的风俗画，新的结晶，带给你新的内容；新的收获，新的启示，让你有一种耳目一新、豁然开朗的感觉。就像文章中所说的：“打开这些门，走进去，浏览新鲜的景物，探求未知的天地，这是一件激动人心的事情，也是一个乐趣无穷的过程。”

教师：我们接受文学最直接的途径是________（学生回答）。

学生：教科书。

教师：再比如——《十三岁的际遇》。

（学生读关键语段。）

当我在图书馆里一排一排落上了些许灰尘的书架间徜徉，我觉得自己就像是童话里的女孩，怀着激动不安的心情启开了闪闪发光的仙宫大门。有时，并不急着翻检借阅，只在书垛给我留出的窄窄小径上慢慢地走来走去，以目光抚爱每册图书。中文的、英文的，都在以互不相同的沉默的语言，向我发出低低的絮语和呼唤。渐渐地，我的心情也变得和它们一样：沉静，愉悦，安详。

就这样，简单而又美好地，北大为一个渴望以有限的生命拥抱永恒的小女孩打开了一扇神奇的窗子……吸引我的，往往不是他们争辩的题目，而是北大特有的敏感，特有的纯洁，言谈的犀利与机智，精神状态的生机勃勃；更愿意站在广告栏前，细细地读那一张张五颜六色的海报，为的是永不厌倦地感受北大清新自由的气氛。

教师：那是新学校、新老师。再如——《繁星》。

（学生读关键语段。）

如今在海上，每晚和繁星相对，我把它们认得很熟了。我躺在舱面上，仰望天空。深蓝色的天空里悬着无数半明半昧的星。船在动，星也在动，它们是这样低，真是摇摇欲坠呢！渐渐地我的眼睛模糊了，我好像看见无数萤火虫在我的周围飞舞。海上的夜是柔和的，是静寂的，是梦幻的。我望着那许多认识的星，我仿佛看见它们在对我眨眼，我仿佛听见它们在小声说话。这时我忘记了一切。在星的怀抱中我微笑着，我沉睡着。我觉得自己是一个小孩子，现在睡在母亲的怀里了。

教师：每晚和繁星相对，作者对繁星有了新的认识。繁星也是新朋友，常见的新事物，感受不同，也都是“我”的新朋友。以此类推，不写星星、写树、写花，那还有什么？

学生1：同学、老师、学校、书本、小狗等。

学生2：新书包、新学的一项特长、象棋、邮票、遇见的一个陌生人。

学生3：《安恩和奶牛》中安恩这样一个艺术构思出的人物，她贫穷但爱干净，有生活情趣，尊重一切生物，这样一个新朋友带给我的感受岂止这些。

教师总结：教材不是孤立地让我们学习，我们还可以学方法，学素材。对于新朋友，我们的写作思路要打开，不仅仅是写人，可写的很多，比如除了刚才大家讨论出的那些之外，我们还可以写父母等。

我们对新朋友的界定可以是与众不同的，与旧不同的，对你的成长有帮助的，让你获得启示的一切新的人、事、物、景都可以成为我们的“新朋友”。

板书：与旧不同，帮助成长

教师：接下来看，这些新朋友和谁有交集？

学生：我。

教师：也就是说要写我和这些新朋友发生的交往或者冲突。

板书：和我交集，贴近生活

教师：那么怎么理解夸夸？

学生：表扬！赞美！

教师：怎样表扬？能否说今天老师表扬你就可以了呢？

学生：不！要有具体的事作为佐证。

教师：是的，就是要选取材料作为夸奖的依据。那么材料怎样选？

（出示投影——展示学生作文片段。）

记得有一次，我和母亲因为一些小事吵架了，我把自己关在房间里哭泣。这时，我不由自主地想起了我的音乐匣子，它又开始唱歌了。里面的小女孩在转着，我的心似乎也在转着、改变着。不甘、反思、理解、平静……平静！看着那颗玻璃珠，我似乎看见了母亲那晶莹的眼瞳，脸上那为操劳而生的皱纹，那为了我而忙碌的背影，为了我而操碎的心啊！我鼻子一酸，顿时感到整个世界都明亮了。

（杜韩可）

除了带头能力强外，她还很有责任感，老师交给她的任务都能一丝不苟地完成。“把回执和钱交上来！”一下课，她就奔到讲台上，开始完成任务，“从 1 号开始，一个一个来！”她收回执，我收钱，我们就这样井井有条地做了很久。可是渐渐地，我手里的钱越来越厚，都快要拿不下了，这时，班长想了个好办法。她把 100 元放在一起，50 元放在一起。“你看，这样整理是不是好多了？”改善了放钱的方法，我们的速度也越来越快，很快就收齐了。

正当我要把钱交给老师时，她伸手拦下了我：“还得再数一数，检验一遍。”只见她皱着眉头对着钱的总数，一遍一遍地数、核对，确保万无一失了以后才交给老师。我看见老师笑眯眯地从班长手中接过钱，从她看班长的眼神中，我读出了她对班长的赞赏与肯定。

（支云瑾）

有一天，因为我交了一整天的厄运，心里窝了一肚子的火，躺在床上自己与自己较劲。突然，我斜了一眼，发现了我的一本语文书仿佛在向我招手，示意让我过去。我怀着好奇心过去翻着看了看，一页一页地翻着，从它的字里行间，我明白了许多道理，我知道了我应该学会控制情绪，不能因为一点点不顺心的事而闹情绪。受文学的影响，那一刻我明白了我已不是小学生，而是一个已经步入中学的少年了，我必须明白，我已经长大了。

（曹鸣飞）

在我流着泪写完作业以后，母亲又一次走进房间。这一次，她坐在床上，突然问我：“是什么让你如此伤心？”我愣了一下，什么也没说。接着，她又问：“那另外两门成绩怎样？”我回答道：“7……75 和……和 88。”这时，她一句话出乎了我的意料：“考得不错，继续加油。”我难以置信地看了她一眼，只见她微笑着看着我。这令我十分诧异，如果以前我考这么点分数，母亲估计已经给了我几个“五指山”，而现在她什么责骂的话都没说。后来，母亲与我谈心，在这个过程中，母亲不停地鼓励我，她语重心长地告诉我："如果仅仅是一场考试就能将你打败，那么你将来要怎么来面对社会呢？"就是这句话，驱散了我心头上的乌云，让我擦干了眼泪，又振作起来，努力复习。

（何奕天）

豆豆不仅能带给我许多欢笑，还能在我伤心的时候安慰我。我有一次考试不理想被妈妈骂了，坐在房间里，心情十分低落。这时，豆豆从它的窝中爬出来，看见我失落的样子，连忙跳到我的怀里，在我手上蹭，时不时发出两声低吟，好像在说："别伤心了，这次没考好，下次一定要考好，不要伤心。"我看着它那双真诚的小眼睛，伸出手紧紧地搂住它。"没错，不能因为一点小失败而伤心，下次一定要努力。"我看着依偎在我怀里的豆豆，心中默默想着。

（潘煜雯）

（老师读一段，接下来学生读，读完请学生小组合作交流材料的共同特点。）

预设： 自己身边发生的　　　　（真情实感）

健康的有意义的　　　　（教育启发）

要具体和集中（典型）　（围绕中心）

教师： 关键是选材要具体集中，要有实例充实进去，不能泛泛而谈。

板书： 选取材料，集中具体

教师总结： 同学们，"夸夸我的新朋友"只是一个点，以此类推，拿到作文题要按照老师刚才教你们的一步步进行。

第一步，分析题目，找出关键词，确定写什么。弄清楚是写人、写事，还是写景，思维一定要打开，抓住了关键词，也就是抓住了作文的写作重点，不至于出现偏题、跑题，甚至"下笔千言，离题万里"的现象了。

第二步，开拓思维，广泛选材，思考哪些可写。命题作文除了有一些必要的限制和要求之外，往往非限制的范围很大，也就是说选材范围非常广，既要注意作文题目的限制和要求，又要分析找出题目限制之外的那片天空，开拓思维，广泛选材。

板书：细读题目，找出关键

至于怎样写，是一个系统的训练过程，在今后的学习中，老师会一步一步教会你们，但不管怎样训练，记得标题是文章的眼睛，我们一定不要忽略这双眼睛。

从表层定义到内涵挖掘

——“《树》作文评讲课”教学设计

教学目标

1. 教会学生筛选提示语、关键词。

2. 引导学生拓宽思维，广泛选材。

教学重点

教会学生认真审题，引导学生拓宽思维。

教学过程

一、导入

教师： 同学们，今天我们对期末作文《树》进行评讲。

（投影显示作文题，学生自读题目三遍。）

二、教授

教师： 下面，我们主要评讲这篇作文的题目，大家觉得这篇文章的题目有什么内涵？

（学生交流。）

教师：“树”，依据你们的理解，提示语的关键词有哪些？

（学生齐读提示语，筛选关键词。）

学生：人类朋友，时光温馨，美景生动，思绪飞扬。

教师：怎样的时光、美景和思绪，也就是你可以选择哪些材料？

预设：采用各组比赛的方式，让学生到黑板上来写。

教师：除此之外，可写的很多，比如语文教材中的《白杨礼赞》《石榴》。

（学生读关键语段。）

白杨不是平凡的树。它在西北极普遍，不被人重视，就跟北方的农民相似；它有极强的生命力，磨折不了，压迫不倒，也跟北方的农民相似。我赞美白杨树，就因为它不但象征了北方的农民，尤其象征了今天我们民族解放斗争中所不可缺的朴质、坚强、力求上进的精神。

（《白杨礼赞》）

你以为它真是盛酒的金罍吗？它会笑你呢。秋天来了，它对于自己的戏法好像忍俊不禁地破口大笑起来，露出一口的皓齿。那样透明光嫩的皓齿，你在别的地方还看见过吗？

我本来就喜欢夏天。夏天是整个宇宙向上的一个阶段，在这时使人的身心解脱尽重重的束缚。因而我更喜欢这夏天的心脏。

（《石榴》）

树，是一种精神的象征。

（投影显示《我骄傲，我是一棵树》节选。）

无论是红色的、黄色的或黑色的土壤，
我都将顽强地热情地生活。

哪里有孩子的哭声，我便走去，
用柔嫩的枝条拥抱他们，
给他们一只只红艳艳的苹果；
哪里有老人在呻吟，我便走去，

拉着他们黄色的、黑色的、白色的多茧的手，
给他们温暖，使他们欢乐。

我愿摘下耀眼的星星，
给新婚的嫁娘，
作闪光的耳环；
我要挽住轻轻的云霞，
给辛勤的母亲，
作擦汗的手帕。

树，也是一代人的象征。

（投影显示《幽径悲剧》节选。）

茫茫燕园中，只剩下了幽径的这一棵藤萝了。它成了燕园中藤萝界的鲁殿灵光。每到春天，我在悲愤、惆怅之余，惟一的一点安慰就是幽径中这一棵古藤。

树，是一种安慰。

在《紫藤萝瀑布》中，树是生命长河。再看一首歌《绿叶对根的思念》——树又化作了一种情感的载体。

教师总结：在文人大家眼中，同样的树，却有不同的内涵。在这里，树，可以写实体的树，但是不能就树论树，树的内涵很多，我们要打开写作思路。

教师：阅读优秀学生作文，小组合作讨论，同学笔下的树有哪些与众不同的内涵？除此，对于树，关注生活，我们还能挖掘出哪些更多的材料？

（投影显示，学生接龙朗读，再进行小组交流。）

教师总结：你看，通过大家的交流，我们分享了集体思考的成果，树，带给我们可写的材料实在太多太多。

板书：内涵挖掘，象征意义

教师：胸有成竹，才能从容不迫，再回到提示语，再浓缩关键词，不难发现，写树，提示语中透露出时光、美景、思绪，也就是说写人、写景、写情。那么我们需要做的就是把这些素材归类，哪些适合写人，哪些适合写景，哪些适合抒情，但是要明白一条原则，不管怎样写，都要有具体的事例充实你的文章，这样写的文章才会饱满生动。

在教材中进进出出

——“怎样选材”教学设计

教学目标

1. 立足教材，分析教材课文选材特点。

2. 依据教材，概括作文选材基本特点。

3. 走出教材，实战练习单元写作选材。

教学重点

分析归纳出作文素材的特点，学会选材。

教学过程

一、导入

教师：同学们，期中考试写了什么题目的作文？

学生：《幸福在当下》。

教师：哦，那你们觉得好写吗？

学生：不好写，感觉没什么可写。

教师：为什么啊？

学生：生活太简单，就是读书，上学，回家，做作业，睡觉。

二、教授

教师：同学们，写作文头疼吧？

学生：头疼，不喜欢。

教师：为了写作文，挖空心思想材料更令人心烦吧？

学生：是的啊，老师说了我们的心里话。

教师：今天老师就和大家一起迎难而上来上节作文课，学学怎样选材。想想我们第三单元、第四单元哪篇课文让你们印象深刻？

学生：《老王》。

教师：为什么？

学生 1：单干户。

学生 2：有一只眼睛瞎了。

学生 3：住破破落落的大院。

学生 4：给“我”家送冰，车费减半。

学生 5：送的冰比前任的大，冰价相等。

学生 6：送“我”先生回家不要钱。

学生 7：给“我”送香油。

教师：明白了，大家之所以对这篇课文记忆犹新，是因为课文中的这些材料。材料写进作文，就变成素材了，可见作文选材非常重要。那么如何选材呢？

请大家把语文书翻到第 98 页，我们来听听编者的建议，注意圈点勾画出作者的观点。

（学生自读，筛选关键信息。）

学生 1：选材要紧扣中心。

学生 2：选材要新颖独特。

教师：为了阐述自己的观点，作者还以《阿长与〈山海经〉》为例，我们再来回忆一下，阿长是谁？

学生：“我”的保姆。

教师：这个保姆与其他保姆有什么不同？

学生 1：没有真实的名字。

学生 2：喜欢切切察察。

学生 3：睡觉喜欢摆“大”字，有很多“我”不喜欢的规矩，讲长毛的故事，为“我”做了别人能做而不愿意做的事——买了《山海经》。

教师：大家举了阿长这么多的事例，这些事例就是素材，就是为了显示长妈妈的与众不同，它让我们读者读出了长妈妈是一个怎样的人。

学生 1：爱孩子的人。

学生 2：愚昧、迷信，没有地位的下层劳动妇女。

教师：这个保姆，鲁迅对她的印象深刻吗？

学生：深，很深。

教师：是的，过了三十多年，鲁迅还能清晰地记得这样一位保姆，就是因为刚才大家说的长妈妈的这些细节。其实在《朝花夕拾》一书中，鲁迅还写了长妈妈，看谁的小脑筋动得快，请举例。

学生 1：《五猖会》中陪“我”看五猖会。

学生 2：《从百草园到三味书屋》中讲美女蛇的故事。

学生 3：《狗·猫·鼠》中她踩死了“我”的隐鼠，还嫁祸他人。

教师：大家看得真仔细，下面我们来做一个游戏。《阿长与〈山海经〉》一文讲到长妈妈讲长毛的故事，和《从百草园到三味书屋》讲美女蛇的故事，这两个题材对换一下可以吗？

（学生思考后交流。）

学生 1：不行，讲长毛的故事，就是为了表现阿长没有文化，这个故事也是道听途说的。

学生2：所谓的神力是不存在的，阿长还讲得煞有介事，可见她的愚昧、落后。

教师：换了《老王》的作者杨绛会这么说吗？

学生：不会，阿长没文化是保姆，杨绛是大学问家，怎么可能说？

教师：那么，《从百草园到三味书屋》不讲美女蛇的故事，讲长毛岂不更好？

学生：不好，长毛的故事和百草园没有丝毫关系，而美女蛇的故事是为了凸显百草园的神秘。

教师：懂了，这些素材就是________（学生回答）。

学生：符合人物特征，紧扣中心。

教师：对，第四单元写作训练中编者说了，紧扣中心是选材第一要素，扣住了中心，我们必须选什么？

学生：选有价值的材料。

教师：是的，有价值、有意义的材料才能更好地表现中心，否则再好的材料和中心无关，写了也没用。

教师：继续我们的替换游戏，阿长给“我”买《山海经》，和阿长陪“我”看五猖会，这两个素材换一下，如何？

（学生思考后交流。）

学生：不好，给“我”买《山海经》，对别人来说是小事，但对“我”而言小事不小，更突出长妈妈对“我”的爱。

教师：看戏也是小事啊，也能突出长妈妈对“我”的爱啊？

学生：买《山海经》，别人能做但是不愿做，“我”心心挂念，阿长记在心上了，她懂“我”的心思，所以就买了，而看戏未交代出“我”的迫切心理。

教师：明白了，这个素材不大，不是惊天动地，阿长却记在心里，落实在了行动上，完成了“我”的心愿。可见我们选材也要这样，选择生活中的小事，才能打动读者。对不对？

学生：对。

教师：大家发现补充了这些选材的要点，那么我们总结一下，选材要注意什么？请一位同学谈谈他的收获，也顺便检验一下我的指导是否给大家在选材上有帮助？

学生：紧扣中心，真实细小，具有意义，新颖独特。

教师：光掌握理论知识还不行，需要实战演练一下。我们再来做个游戏，看写作实践第二题，请大家读题目，明确写作重点。

（学生自读。）

教师：读了题目，这篇习作是写我们班的牛人，我们以“我们班的牛人________真牛，因为她（他）________”这样的句式进行表述。思考 1 分钟。（提醒）我们班除了在座的 41 个同学，还有________（学生回答）。

学生：老师。

教师：真聪明，换句话，老师和学生都可以写。

（学生思考后交流。）

学生：我们班的牛人王老师真牛，因为她批卷的速度真快。

教师：自己评价一下，你的这个选材具有什么特点？

学生：真实，王老师就是这样的人。

教师：行，下一个。

学生：我们班的牛人王佳一真牛，因为她作为班长学习成绩好，又能管理班级。

教师：王佳一，你来说一下，这位同学对你的评价中肯吗？

学生王佳一：中肯。

教师：那么这个选材有什么特点?

学生：真实并且细小。

教师：行，下一个。

学生：我们班的牛人李谷然真牛，因为他只有两件衣服。

教师：老师觉得这不是牛人，是怪人。只有两件衣服，不可思议啊。

学生：他就是这样，我去他家亲眼看到的。

教师：哦，我们一起理一理，如果他只有两件衣服，说明他勤俭朴素，或者他专心投入学习，对穿着不在意，从这个层面讲，真是牛人。这个选材如何?

学生：新颖独特。

教师：写人的选材我们练了，下面我们拓宽写作范围，请大家读第99页课后习作题目一和题目三。

分小组合作，根据题目学练选材。(要求：细读题目，确定写作对象特点，然后进行选材训练)

分组一：街道组

分组二：一天组

学生交流展示：

街道组

学生：具有地方特色。我讲的是淮安的一个街道，街两边都是卖好吃的小点心——油馓子等，因为好吃我就记住了这条街。

教师：美食街，下一个同学评价一下他的选材。

学生评价：贴近生活，美食入手，真实细小，很好。

教师：好，下一个。

学生：海南的一条街，但是我记不清它的名字，这条街很有特色，很窄，一边是海南特色小吃，另一边是靠着大海，与众不同。

教师：哪个地方与众不同?

学生：格局设计。

教师：概括得真好，下一个学生点评。

学生评价：新颖独特，这样的街至少我没见到过。

学生：苏州平江路，地方特色浓厚。

教师：何以见得?

学生：白墙黑瓦，色彩不同，还有沿街传来吴侬软语，悠长绵柔的苏州评弹。

教师：平江路我去过，我们请一个同学点评。

学生评价：扣住生活选材，材料凸显平江路的特点。

教师：好，第一组，我们小试牛刀，第二组闪亮登场。想想我们这次期中考试作文题“幸福在当下”，如果这一天的特点就是让你感受到幸福，你怎么选材?

学生：写过生日。

学生评价：太平常，不新颖。

教师：想想我们的小幸福，来自很多途径啊。

学生：体育课垫排球，一直不稳，同学帮助我掌握诀窍，顺利通过。

教师：哦，那一刻，暖暖的，那种感觉就是幸福。

学生：早上，妈妈一声不响地给我熬小米粥，黄黄的、油油的、暖暖的，好幸福。

教师：亲情一瞬。好，时间关系，我们一天组的选材也都围绕着我们今天学的关于选材的要点，说明大家都能学以致用。

三、结束

同学们，今天我们就立足教材，依据教材，在教材中学选材，用一首小诗结束我们今天的这堂课。

作文的素材来自生活

我们的生活
简单又平常
我们要用自己的眼光
把生活中的人、事、物、景
真实、独特、鲜活地表现
哪怕一个细小的举止
那么这就是——
选材之美

古诗文类

探寻“闲人”的魅力

——《记承天寺夜游》教学设计

教学目标

1. 指导学生朗读，读出味道，读出意蕴。

2. 掌握文中重点字词句的含义。

3. 品味作者蕴含在文字中的丰富情感，感悟作者的人格魅力。

教学重点

品味作者蕴含在文字中的“乐”。

教学过程

一、导入

教师：同学们，历史上有个人，居庙堂之高，心忧黎民，勤于政务；处江湖之远，尽职尽责，为善一方。在朝期间，他直言进谏，不惧权贵；遭贬期间，赈贫救孤，心忧百姓。他俯仰无愧于天地，心无名利杂念，遂有闲心领略江山风月，写下了无数传世杰作。

人有悲欢离合，月有阴晴圆缺，此事古难全。但愿人长久，千里共婵娟。

谁道人生无再少？门前流水尚能西！休将白发唱黄鸡。

横看成岭侧成峰，远近高低各不同。不识庐山真面目，只缘身在此山中。

水光潋滟晴方好，山色空蒙雨亦奇。欲把西湖比西子，淡妆浓抹总相宜。

这个人是________（学生回答）。

学生：苏东坡。

教师：今天我们就来学习他的一篇文章《记承天寺夜游》。

二、教授

教师：请同学们自由朗读课文，要求：大声读，读准字音，读准停顿。

（学生齐读。）

教师：朗读古文时，我们不能仅仅满足于读准字音和节奏，我们还要读出古文的味道，怎么达到这个目标，老师教大家一个方法：还记得鲁迅写的寿镜吾老先生吗？他读到沉醉时，语气是舒缓的，用我们现在的话说就是拖腔拖调，也就是要用拖音，这样才能读出味道。

①念无与为乐者。

②遂至承天寺寻张怀民。怀民亦未寝。

③水中藻、荇交横，盖竹柏影也。

④但少闲人如吾两人者耳。

（教师范读，学生试着读，全班再齐读。）

教师：同学们在读出了文言的味道后，还要读懂文意。看以下注释，准确解释，读懂文意：

月色入户　　欣然起行　　遂至　　怀民亦未寝

步于中庭　　藻、荇交横　　盖竹柏影

流利翻译：

①念无与为乐者。

②庭下如积水空明，水中藻、荇交横，盖竹柏影也。

③但少闲人如吾两人者耳。

教师：用一句话简要概括文章所写的这个生活片段。

回答要点：“苏轼、张怀民夜游承天寺”或“元丰六年十月十二日夜，苏轼与张怀民在承天寺月下散步”。

教师：同学们，学古文，诵读在先，以求达到读准字音、理解字意的目的，诵读时注意停顿、重音、语气、语速。

（一）诵读文章之韵味

教师：再次全班齐读，请大家思考：苏轼夜游承天寺的心情怎样？文中有没有直接表露这种情感的句子？

（学生交流。）

（二）品读作者之快乐

教师：同学们，我们逐字逐句反复品读，细细咀嚼，发现并还原作者蕴藏在文章词语和句子中的快乐，可以找一字之乐、一词之乐、一句之乐，并以批注的形式在课文空白处写下自己的理解。

示例：我在“欣然起行”一句中发现了苏东坡因月色入户而迅即产生的喜悦，以及迫切想与朋友分享的愿望。你看，他“欣然起行”，一个“起”字和一个“行”字说明他内心涌起的那份快乐是多么强烈，多么真诚！他是多么率真可爱！

（学生交流。）

学生1：月色入户——这里的“入”不只是“射入”“照进”，更应该解释为拟人化的“走入”“进入”。这个“入”字写出了月色如老友一般善解人意，她知道，对月亮情有独钟的苏轼（残月、冷月、缺月、孤月、圆月、明月，这些月的意象里凝聚着他或悠闲或炽热的感情、豁达的胸襟和睿智的思想），是不会放弃一个美好的秋夜的；她知道，一颗懂得美的心，绝不轻易在无边风月里合上外壳。正是这个“入”字引发了苏轼无尽的惊喜——我本无意见月，月色自“入”我胸怀。不邀而至的月色带来了一份不期而至的快乐。

学生 2：念无与为乐者，遂至承天寺寻张怀民——“念”写出了苏轼瞬时的沉吟、思量与搜寻，正是这一转念间，张怀民“跃上”他的心头。“遂”“寻”两个字写出了苏轼当时的兴致勃勃，而从“念”至“遂”也涌动着一份难以言表的快乐：月色常有，但又有谁能和你共赏呢？如果没有此人，那快乐真要减却几分，可是苏轼找到了可以分享无边风月的人，怎能不快乐万分？

教师追问：苏轼赏月，为什么单单去寻张怀民呢？课文下方注释张怀民是作者的朋友，当时也贬官在黄州。投影出示张怀民的相关背景资料：

张怀民，1083 年被贬黄州，起初寓居承天寺，心胸坦然，绝不挂怀于贬谪之事。公务之暇，以山水怡情悦性，处逆境而无悲戚之容，为品格清高超逸之人。

（学生阅读。）

回答要点：张怀民和苏轼一样心胸坦然，爱好山水，不挂怀贬谪之事，同为品格清高超逸之人。两人处境相似，志趣相投，是人生知己，也是审美知己。明月相邀，知己相伴，自是人生一大乐事！

学生 3：怀民亦未寝，相与步于中庭：“亦”字中蕴含着至巧至好的快乐，写出了知己间心有灵犀的妙趣！而“相与步于中庭”是两个热爱山水、心有诗意的人在月下并肩漫步的静谧画面。

教师追问： 这里的“步”与“欣然起行”中的“行”能否交换？为什么？

回答要点： 不能。因为“行”写出了苏轼心中强烈的欣喜，迅即起行，不假思索，率性而为；而“步”则写出了苏轼与张怀民月下漫步时的悠闲、从容、惬意。

教师追问： 这里有没有写两人如何“交谈取乐”？为什么？

回答要点： 没有写两人交谈取乐。一为留白，给人以无尽的遐想；二为突出他们心意相通，会心一笑胜过千言万语，宁静之中更显情味悠悠。

教师指导朗读： 点名读，重读“亦”，体会“怀民亦未寝”的惊喜；师生对读“怀民亦未寝，相与步于中庭”，体会两人的默契；全体朗读记叙部分，体会作者那流淌在字里行间的快乐。

学生 4： 庭下如积水空明，水中藻、荇交横，盖竹柏影也：这个看似平淡的句子中蕴藏着令人惊喜的情感波澜，庭院下恰似有一汪澄澈空明的积水，积水中还有纵横交错的藻、荇，仔细一看，那婆娑的阴影原来是竹柏的影子啊！这个波澜，来自苏轼的真实感受，也带给我们惊喜。所以这里适宜采用比较的方法体验探究作者的快乐。

（出示投影。）

> 请同学们试着在这句话的空白处填两个语气词，把作者的情感波澜补出来。
>
> 庭下如积水空明，________水中藻、荇交横，________盖竹柏影也。

（指导学生朗读原文，读出作者“沉醉美景”与“发现真相”的惊喜。）

教师： 为什么苏轼没有用语气词？

回答要点：作者已把心里的波澜寓于这种曲折动人的描写和特殊的行文顺序中，不需要加语气词。而且不加语气词，更能体现文言文的简洁与韵味。

教师总结：刚才同学们在文章中找了很多蕴含在字里行间的作者情感，老师用一首小诗总结一下，大家齐读。

解衣欲睡之时
月色如老友不邀而至
叩响了苏轼的心扉
那份快乐强烈得难以自抑
于是
他率性而为“欣然起行”
在“念无与为乐者”的思量、沉吟和瞬时搜寻后
他“遂”兴致勃勃地“至承天寺寻张怀民”
“怀民亦未寝”
知己间心有灵犀的至巧至妙的欣喜
二人“相与步于中庭”
开启了那夜悠闲、静谧
不可多言的月下神游
从而诞生了
千古写月名句
“庭下如积水空明，水中藻、荇交横，盖竹柏影也”
以及沉醉美景后恍然大悟的
发现的欣喜与审美快感

教师：月色不期而至的快乐，朋友心意相通的快乐，知己相伴悠闲漫步的快乐，以及沉醉月下美景而发现意外的快乐。

（三）探寻"闲人"之魅力

教师：面对如此空明之境，苏轼抒发了内心怎样的感慨？用原文中的一句话回答。

学生：何夜无月？何处无竹柏？但少闲人如吾两人者耳。

教师：为什么自称"闲人"，大家看背景链接：

宋元丰二年（1079），苏轼因为被人指责用诗歌来诽谤新法，其政敌以"讪谤朝政"的罪名把苏轼告进监狱，这就是历史上有名的"乌台诗案"。审讯历时五个月，在多方营救下，加之神宗皇帝怜惜其才，苏轼死里逃生，被贬黄州，充黄州团练副使（宋代闲散不管事的官职），但不准擅离该地，并无权签署公文，没有薪俸。于是他租数十亩荒地经营，筑水坝，建鱼池，移树苗，种植稻麦和蔬菜，并在坡边自筑茅屋，自号"东坡居士"。

现在我们来研读一下这个"闲"字，大家认为"闲"字有哪些内涵？

学生：闲工夫，清闲悠闲。

闲情逸致，率性而为。

超然物外，清空名利。

教师总结：对，这个"闲"字意蕴丰富，这"闲"不只是不用签署公文的"清闲"，还有面对逆境的"从容"，是超然于劳累的世俗生活的"悠闲"，是诗意面对逆境、率性面对生活的"真淳"，是清空了世俗名利的"宁静"与"空灵"，是超越了生死的心灵的"大自由"。这是一种至高的人生境界。

教师：这就是苏轼。请大家再以苏轼的身份，用合适的语气读最后一段，表达出自己内心的这份感慨。

（学生齐读，体会苏轼的自得自赏。）

教师拓展：不只是此夜，不只是此文，翻开《东坡志林》，翻开苏轼煌煌近百万字的诗文著作，这样美妙动人的瞬间比比皆是。

当他初贬黄州寓居临皋亭时，遍赏江山风月——

江山风月，本无常主，闲者便是主人。(《东坡志林·临皋闲题》)

当他乘月至溪桥时，“醉眠芳草”一夜至春晓。

当他夜饮醉归已三更，“家童鼻息已雷鸣，敲门都不应”时——

夜饮东坡醒复醉，归来仿佛三更。家童鼻息已雷鸣。敲门都不应，倚杖听江声。(《临江仙》)

面对赤壁的滔滔江水，他豪迈奔放地说：“大江东去，浪淘尽，千古风流人物”；面对青春的一去不复返，他积极乐观地说：“谁道人生无再少？门前流水尚能西！休将白发唱黄鸡。”

三、结束

同学们，老师喜欢苏轼，他是诗人、词人、政治家、美食家、书法家……今天我们学习这篇文章，再一次感受了苏轼的生花妙笔、睿智人品，用一首小诗结束我们的这堂课：

这就是苏轼
——苏东坡

他率性自然
敢于袒露真性情
他诗意面对逆境
智慧面对得失
他超然于世俗名利
拥有空明自由的心灵
他始终热爱自然
热爱生活
身在俗世却能发现
别人即便在天堂也无法感受到的美
他的一生是载歌载舞的一生

追寻那最美的情怀

——《岳阳楼记》教学设计

教学目标

1. 感受范仲淹的情怀。

2. 学习情景交融的手法。

教学重点

理解范仲淹的情怀。

教学过程

一、导入

教师：今天这堂课，我要和大家一起来一次历史的穿越，去拜会两个人物：范仲淹和滕子京。

二、教授

（出示投影。）

他生于北宋，一个内忧外患的时代。
他少年苦学，有志于天下。
他屡遭贬谪，仕途起落却百折不挠。
他造福百姓，历遭排挤却不忘初心。

他捐资购田，他扶贫助弱。

他去世之后，当朝皇帝给予他宋代文臣最高等级的谥号——文正，以褒奖他济世救国的政绩。

教师：他是________（学生回答）。

学生：范仲淹。

教师：是的，他就是范仲淹，范仲淹之所以被授予“文正”这个谥号，除了他的功绩，还因为他的一种思想，这种思想就出现在我们今天学的课文中，大家说说是哪一句？

学生：先天下之忧而忧，后天下之乐而乐。

教师：请大家注意，这个句子出现在第几段？

学生：最后一段。

教师：那我们来一起读读最后一段。

（学生齐读。）

教师：“先天下之忧而忧，后天下之乐而乐”，这句话是什么意思？

学生：在天下人忧虑之前先忧虑，在天下人得到快乐之后再快乐。

（教师提醒先、后的意思，词类活用。）

教师：老师有疑问，是不是范仲淹老先生写到最后才想起应该把这句话写上呢？

学生：肯定不是。

教师：我们来找证据，看了前面范仲淹的人物介绍，你们有什么发现吗？

学生1：他少年苦学，有志于天下。

学生2：他造福百姓，他扶贫助弱。

教师：知人论世，这是一种很好的学习方法。其实在文章中也有一个字提到这种思想，范仲淹很早就有，也是他毕生所秉承追求的，是哪一个字？

学生：尝。

教师：为什么是“尝”呢？

学生：尝，曾经的意思，说明他之前就有。

教师：好，既然之前就有，老师就又有一个疑问，为什么范仲淹不一开始就直抒胸臆，表明自己的济世情怀？我们来朗读前四段，谈谈你们的发现。

关注第一段，再读第一段，找找看，范仲淹写这篇文章是受了谁的嘱托？

学生：滕子京。

教师：好，第二个人物闪亮登场。

（出示链接。）

滕子京谪巴陵，愤郁颇见辞色。
贬官滕子京

教师：两条链接，范仲淹为什么不一开篇就直说？大家谈一谈。

学生：滕子京是自负之人，如果一开始就先用“先天下之忧而忧，后天下之乐而乐”这种思想教育他，估计他不会接受。

教师：那就得想办法委婉地劝说，范仲淹又该如何去劝说呢？结合课文第二至四段来谈谈你们的看法。

（学生合作交流。）

教师：大家都谈到范仲淹先肯定滕子京的政绩，然后再进行劝勉，这种肯定对劝勉是很有好处的，这点我们达成共识，关键我们要弄清楚他是怎样进行劝勉的。

教师：齐读第三、四两段，文章中出现了第三个人——迁客骚人。请问迁客骚人是什么样的人？

学生：被贬的人和诗人。

教师：滕子京是吗？

学生：是。

教师：但范仲淹没有直说滕子京就是迁客骚人，迁客骚人登上岳阳楼会产生怎样的情绪？注意，这里老师用了“情绪”一词。

学生：悲愤的、悲伤的。

教师：何以见得？在文章中找依据。

学生：则有去国怀乡……

教师：那么在下一段又一次登楼时，面对明媚的春景，迁客骚人又产生了什么样的情感？

学生：则有心旷神怡，宠辱偕忘……

教师：迁客骚人的情绪是受外界影响的，那么想想看滕子京是迁客骚人吗？

学生：是。

教师：何以见得？

学生：滕子京谪守巴陵郡。

教师：那么范仲淹有没有点破这点，说“滕子京啊，你就是迁客骚人，你也是受外界影响悲啊喜啊的”？

学生：没有。

教师：是的，很多人都会有这样的悲喜体验，范仲淹理解，但是范仲淹肯定或者欣赏时而悲、时而喜的心情变化吗？

学生：不欣赏，后面一段文字中说“不以物喜，不以己悲”。

教师：对，这就是范仲淹要对滕子京说的，要他“不以物喜，不以己悲”。通过探究，我们明白了，范仲淹缘情设景，以洞庭湖景色体现迁客骚人以物喜、以己悲的情绪变化，然后引出“不以物喜，不以己悲”的一种人生境界，不多说，留给滕子京自己去体会，既扣住岳阳楼记，又达到了劝勉的目的，还夸了滕子京，滕子京能不接受吗？

大家再齐读第三、四两段。

（学生齐读。）

教师：刚才我们说了“不以物喜，不以己悲”的思想境界，那么，请同学们再思考：这种境界和范仲淹所一贯坚持的先忧后乐是一样的吗？

（学生读文章最后一段。）

学生 1：不一样。

学生 2：从对象上看，前者关注的是个人，是自己，后者关注的是国家。

学生 3：从顺序上看，天下为先。

学生 4：从时间长短上看，前者是短暂的，后者是长久的。

学生 5：前者是情绪，后者是情怀。

教师：是的，先忧后乐这是一种情怀，如果让大家在“为______先忧后乐”前面加个词，你会加什么词？

学生：百姓、苍生、国家、社稷……

教师：是啊，这样的人在我们身边有吗？

（出示投影——太仓人在玉屏。）

教师：这是来自我们家乡的三名教师，他们或老父耄耋，或娇儿待抚，或妻子体弱，但是为了玉屏的教育，他们不远万里，倾尽全力，和玉屏人一起无怨无悔地奋斗着。老师举这样的例子，能让你们真切地感受到他们身为玉屏人的幸福。其实，今天在我们身边随处可见把更多人的幸福放在心中这样的思想在闪光，那么在900多年前，在北宋，在范仲淹生活的那个年代，这样的人多吗？

学生：不多。

学生：“噫！微斯人，吾谁与归？”没有这样的人。

教师：这句前面为什么加个“噫”？读读看。

学生：强调语气。

教师：什么语气？

学生：无奈、失落、孤独、伤感、劝勉。

教师：怎么读，来试试，语速拉长，语调上扬，长吸一口气……

教师：他劝勉的是滕子京一个人吗？

学生：不是，是天下所有的人。

教师：一句疑问，一声长叹，我们读出了他内心的孤寂、不甘、失落、悲凉，还有他的号召、劝勉与期待。这是中国知识分子最美的情怀和最崇高的风骨。不以物喜，不以己悲，为天下先忧后乐，微斯人，吾谁与归？就让我们满含深情，走进范仲淹的内心世界，去追寻那最美的情怀。（齐读最后一段）

融合三美教此文

——《与朱元思书》教学设计

教学目标

1. 准确朗读并背诵课文。

2. 用生动的语言描绘画面。

3. 体会文中作者蕴含的感情。

教学重点

1. 学会用自己的话描述景色（会复述）。

2. 积累其他作家写富春江的文章（懂转引）。

教学过程

一、导入

教师："江南好，风景旧曾谙。日出江花红胜火，春来江水绿如蓝。""江南之美，古来共谈"，江山如此多娇，引无数骚人墨客吟诗作文，为今人留下了众多脍炙人口的山水佳作。其中，南朝梁著名骈文家吴均的《与朱元思书》，仅用 144 字便生动逼真地描绘出富春江沿途的绮丽风光，被称为骈文中写景的精品。今天我就和大家学习这篇文章。

二、教授

鲁迅先生曾说过:“中国文字有三美，音美以感耳，形美以感目，意美以感心。”我们首先进入第一阶段。

（一）音美以感耳

教师：读准字音是阅读文言文的基本功，文言文字的读音情况比较复杂，特别要注意通假字、多音字现象。

（学生自读，找出通假字。）

预设：转，同“啭”。例句：蝉则千转不穷。

反，同“返”。例句：窥谷忘反。

教师：俗话说“三分文章七分读”，一篇好文章给人的美感如果按十分计算的话，那么，朗读带给人的美的享受应该占到七分。除了读准字音，朗读古文我们还要注意节奏，这里老师要做一个补充：

本文是“骈文”，是和散文相对的一种文体，起源于汉末，形成于魏晋，盛行于南北朝。骈体文的最大特点就是讲究对仗，即所谓“骈偶”（两马并驾为骈，两人并处为偶）。全篇以偶句为主，构成字数相等的上下联，句法结构相互对称，词性、词义相互配对，句子通常是四字句、六字句相互交替。所以这种文体，晚唐时被称为四六句，以后历代相沿，到清代才叫作骈体文。那么四六句怎么读？

示例：

泉水激石，泠泠作响；好鸟相鸣，嘤嘤成韵。

鸢飞戾天者，望峰息心；经纶世务者，窥谷忘反。

（学生先自读后齐读。）

教师：听了大家的朗读，接下来听老师朗读，之后大家对文章中不理解的字词句可以提出疑问。

预设：（1）一词多义

天下独绝（绝：形容词，绝美，绝妙）

猿则百叫无绝（绝：动词，断，停）

（2）词类活用

任意东西（东西：名词用作动词，向东或向西）

猛浪若奔（奔：动词用作名词，飞奔的马）

负势竞上（上：名词用作动词，向上）

互相轩邈（轩邈：形容词用作动词，往高处或往远处伸展）

望峰息心（息：动词使动用法，使……平息）

横柯上蔽（上：名词用作状语，在上边）

教师：疏通了文意，我们再听范读，思考本文主要写了什么？

学生：富春江到桐庐一带的景色。

教师：作者总的评价是哪一句话？

学生：奇山异水，天下独绝。

（二）形美以感目

预设：小组合作学习，以下面模式交流对美文的感受。

我读__________，感受到__________；或“________”字词甚妙，写出了____________；或我发现________美，美在____________。

示例：我发现“水皆缥碧，千丈见底。游鱼细石，直视无碍”这句美，美在它抓住江水之色、江水之深、水中之物来突出其清澈的静态美。

（学生交流发言。）

教师：好，有哪位同学能结合课文，发挥想象，用自己的话描绘富春江的山水美景。

学生：没有一丝风，烟雾也完全消失，天空和群山是同样的颜色。（我的小船）随着江流飘飘荡荡，时而东时而西。从富阳到桐庐的一百来里（的水路上），奇山异水，独一无二。

水都是青白色，千丈之深的地方也能看到底。水底的游鱼和细小的石子看得清清楚楚。湍急的江流比箭还要快，那惊涛骇浪势若奔马。

江两岸的高山上，全都生长着苍翠的树，透出一派寒意。（重重叠叠的）山峦各仗着自己的地势争相向上，仿佛要比一比，看谁爬得最高、伸得最远，由此而形成无数的山峰。（山间的）泉水冲击着岩石，发出泠泠的响声；美丽的鸟儿彼此嘤嘤地叫着，十分和谐。蝉不停地叫着，猿不停地啼着。看到这些雄奇的山峰，那些极力攀高的人就平息了自己热衷于功名利禄的心；看到这些幽静的山谷，那些忙于世俗事务的人就会流连忘返。树枝纵横交错挡住了上面的天空，虽在白昼，林间却显得昏暗。在枝条稀疏的地方，有时还能见到阳光。

教师：很好，作者吴均为我们描绘出一幅充满生命力的山水图，让我们充分感受到了富春江两岸的“山川之美”，当然这种美是借助文字来呈现的。下面我们来一次视觉冲击，把文字转化为画面，切身感受风光之好。

读《与朱元思书》，如读一首好诗，因为它不仅有词采隽永、音节和谐的诗一般的语言，还洋溢着清新淡雅的诗情；读《与朱元思书》，如赏一幅写意山水画，因为它不只有特色鲜明的景物，更有明朗洒脱的画意，能给我们以美的享受、心灵的愉悦。

（三）意美以感心

教师：历来优秀的文章都讲究情景相生，我们可从作者对景物的描写中，从寥寥几句写观感的语句中，领略到作者高雅的志趣、高洁的情怀。请找出作者抒发心情的语句，并仔细想想，哪些语句写出了作者的心情？作者以景作为载体，做到景中含情，目的是什么？

预设：

“从流飘荡，任意东西”——享受自由、无拘无束、无牵无挂的轻松惬意，流露了作者恬静的心境，展现了作者旷达的情怀。

“急湍甚箭，猛浪若奔”“负势竞上，互相轩邈”——表现作者对自然、自由的热爱，对生命力的赞颂。

“鸢飞戾天者，望峰息心；经纶世务者，窥谷忘反”——传达出作者对功名利禄的鄙弃，对官场政务的厌倦。

教师：作者在文中极言了富春江的奇异美景之后，又设想了追名逐利、热衷于官场的人到这里来会引发的感受：“鸢飞戾天者，望峰息心；经纶世务者，窥谷忘反。”作者为什么要这样写？因何写这篇文章？为什么要把这篇佳作赠送给朱元思？其目的究竟何在？

我在百思不得其解的时候，带着种种疑问，查阅了吴均的人生档案：

吴均，字叔庠，吴兴故鄣人。南朝梁有名的文学家、史学家。出身寒贱，自幼好学而有超群的才华，所作诗文深受当时行家称赏，其文章风格清新而有古气，时人效之，称为“吴均体”。吴均为人耿直，因私下撰写《齐春秋》，并如实记录了齐、梁间的历史，萧衍“恶其实录”，便焚其书稿，免其官职。不久又奉召撰写通史，未成而卒。

原来作者吴均曾得宠于梁武帝，并任史官，后因直言被贬。虽然后来朝廷也恢复了他的官职，但他从官场倾轧中悟出了仕途的险恶，于是完全淡泊了功名。他的这种虽想奋发有为，但终未显达，因而有些消极遁世的思想情绪在本文中得到了充分体现。他写作本文的目的既不是向友人炫耀自己出众的才华，也不是说明美丽的山水风光有能够让人升华情感的奇妙功能，而很可能是隐含着励己勉人的目的，他也许是要借此勉励自己和好友不要追逐名利、沉落世俗，要寄情山水、回归自然，达到物我两忘的境界。但是有一点大家必须记住，引发作者如此感想的触发点是富春江的山水：奇山异水，天下独绝。

对于富春江水历代文人也有佳句赞誉：

（学生齐读）

①钱塘江尽到桐庐，水碧山青画不如。（唐·韦庄）

②三吴行尽千山水，犹道桐庐更清美。（宋·苏轼）

③天下佳山水，古今推富春。（元·吴桓赞）

④一折青山一扇屏，一湾碧水一条琴。无声诗与有声画，须在桐庐江上寻。（清·刘嗣绾）

⑤一条银练素带在前方闪闪烁烁起来，你几的眼前一亮，倍觉这碧波粼粼一江水的鲜活可爱；待盼到归程荡舟起桨开始真正的春江游时，这漾波漫流的大水，更令你陶然如醉，神魂飞扬，彼时，你纵有千种愁思万般忧，也将全部消融在这一江碧玉里。

…………

我还想，富春江的娇，也在于她的色泽，无怪她有“第二漓江”之称。那江水，真是澄于湖海碧于天，活脱脱是天神地母拣尽翡翠绿玉铺就的。行在江上望两岸，只见千嶂染翠，峰峰岭岭尽都浓浓淡淡地绿进去；立在船头看江心，只觉水底天上的云絮，一朵朵一团团，俱是深深浅浅地绿出来，真难说是山染绿了江，还是江浸绿了山，无怪朋友们相视叹曰：喔，一到富春江，眼瞳都是绿的！

（叶文玲《乌篷摇梦到春江》）

著名作家叶文玲在《乌篷摇梦到春江》中对于富春江如是评价——俏、美、娇。人们游山玩水，往往局限于风景名胜，然而大自然中何处不是美？美中哪一点不跳动着生命的律动？

组合阅读未尝不可

——《词二首》教学设计

教学目标

1. 整合比较，感受两首词的异同。

2. 咀嚼美读，体会两首词的意境。

3. 吟咏诵读，提高文化品位。

教学重点

1. 有感情地朗读、背诵全诗。

2. 感悟词人所表达的深刻感受。

教学过程

一、导入

同学们，宋词是我国传统文化的瑰宝，今天老师就和大家一起走进宋词世界，学习两首宋词。

二、读词

请学生自由朗读两首词。（要求：读准字音）

请学生单独朗读。（检测读准字音）

三、讲词

教师：为什么编者要把这两首词放在一起让我们学习？这显然是

有用意的，带着这个问题大家再一起齐读课文。思考：从内容上看这两首词都是写词人内心的什么情感？

学生：主题都是写愁思的。

教师：读标题，有没有新发现，这两首词共同的特点都是______（学生回答）。

学生：只有词牌名，省略题目。

教师：词的题目，有时会用整首词的第一句话，如《水调歌头·明月几时有》；有时作者会另外起个题目，如《沁园春·雪》。今天，我们学习的两首词为什么省略题目，这个问题留待于我们解读完两首词后回答。

通过对词的朗读，我们已经能够初步地感受到作者在词中所传达出的情感——愁。请大家再轻轻读，细细想，找出两首词中特别能体现作者感情的关键词。

学生：别是一般滋味，无可奈何。

教师：怎样的滋味，没有言说。如何的无可奈何，也没有言明。

作者的感情是在特定环境、特定时间的一种思想外露。要切准作者的情感，我们首先要了解作者的生平以及写这首词时的背景。从诗词鉴赏的角度来讲，这样的方法叫知人论世，了解背景。老师给大家一段介绍作者的文字（出示投影——李煜、晏殊的介绍），请用两个关键词概括作者的经历。

李煜：五代时期南唐后主。继位的时候，宋太祖赵匡胤已经称帝三年，继位十年后，自贬国号为江南，改称国主（世称李后主），派遣使臣朝宋。李煜好声色，迷信佛教，只希望通过每年向宋朝进贡来苟延求存。宋太祖开宝七年（974），宋朝派遣曹彬率师南伐，次年攻占金陵，将李煜俘获到汴京，封其为“违命侯”，李煜忍屈负辱地过起了囚徒生活。李煜的词以被俘为界，分为前后两个时期，后期词作多倾泻失国之痛和去国之思，沉郁哀婉，感人至深。《相见欢》便是其后期词作中很有代表性的一篇。

晏殊：北宋初期著名词人，北宋宰相。14 岁以神童入试，赐同进士出身。当时的名臣范仲淹、欧阳修等均出自其门下。他工诗文，尤善词。其词擅长小令，多写春花秋月、友人离别的闲愁。意境清新，语言工巧凝练，词中对宇宙人生的深思，给人以哲理性的启迪和美的艺术享受。

（学生默读。）

学生：李煜——囚徒

晏殊——宰相

教师：因为经历不同，两人的创作主题不同，李煜倾泻失国之痛和去国之思，晏殊多写春花秋月、友人离别的闲愁，所以李煜的愁是________，晏殊的愁是________（学生回答）。

学生：李煜的愁是国愁，晏殊的愁是闲愁。

教师：李煜的愁是别是一般滋味，晏殊的愁则是无可奈何，请说一说两者的愁，哪一个更打动你？（要求结合词中人物的神态、动作、作者选取的景物来说明）

学生 1：打动我的是第一首。“无言独上西楼”，“无言”二字活画出词人的愁苦神态，“独上”二字勾勒出词人孤身登楼的身影，孤独的词人默默无语，独自登上西楼。神态与动作的描写，揭示了词人内心深处隐藏的很多不能倾诉的孤寂与凄婉。

教师：“独”——因为是独上，自然无人共语，表现了李后主内心的情绪，他的痛苦无人与说，也不愿与人说，说了又有何用？又有谁能理解自己的心情呢？从“无言”“独”可看出李后主那孤独、寂寞的身影。请大家把愁思读出来。

学生 2：打动我的是第二首。起句“一曲新词酒一杯，去年天气旧亭台”，亭台——旧，去年——对过去欢聚时光的回忆，写对酒当歌的现境。从复叠错综的句式、轻快流利的语调中可以体味出词人的淡淡忧伤。

教师：词人面对现境时，开始是怀着轻松喜悦的感情，带着潇洒安闲的意态，但边听边饮，这现境却又不期然而然地触发对“去年”所历类似情境的追忆：也是和今年一样的暮春天气，面对的也是和眼前一样的楼台亭阁，一样的清歌美酒。然而，似乎一切依旧的表象下又分明感觉到有的东西已经起了难以逆转的变化，这便是悠悠流逝的岁月和与此相关的一系列人、事。于是词人不由得从心底涌出这样的喟叹。

学生 3：打动我的是第一首。“西楼”，空荡荡的楼，孤独冷清的楼。西楼，或指曾经聚会之所，或指孤独寂寞的居所，或指排遣忧伤，遥望故国、亲人、友人的处所。

教师：“西楼”在古诗词中也是相思愁绪的代名词，就如古诗词中的“柳枝”代表依依惜别之情一样。（出示投影）

学生 4：打动我的是第二首。理由是景物描写夕阳（包括斜阳、残阳等）多给人以失落凄凉、漂泊沧桑之感。可见此时词人在院中散步内心是多么的落寞。

教师：李商隐的《乐游原》：“夕阳无限好，只是近黄昏。”“夕阳西下”是眼前景，这是即景兴感，词人由此触发的内心感情会是什么?

回答要点：对美好景物情事的流连。

对时光流逝的怅惘。

对美好事物重现的微茫的希望。

学生 5：我喜欢第一首。“月如钩。寂寞梧桐深院锁清秋”，寥寥十二个字，形象地描绘出了词人登楼所见之景。

教师：明月本是惹人愁思之物（出示投影），请举例说明。

回答要点：李白的“举头望明月，低头思故乡”，王安石的“春风又绿江南岸，明月何时照我还”，一轮明月引起对故乡亲人的思念。

教师：那面对着如钩的残月，词人会想到些什么呢？

回答要点：人事的缺憾，仰视天空，缺月如钩。“如钩”不仅写出月形，表明时令，而且意味深长：那如钩的残月经历了无数次的阴晴圆缺，见证了人世间无数的悲欢离合，如今又勾起了词人的离愁别恨。从明月中我感受到李煜的内心之痛。

学生6：打动我的是第二首。“无可奈何花落去”，落花让人感受到伤感的情绪，就如《红楼梦》中的黛玉葬花。

教师：大家一起把这两句读一下，“落花”的意象，往往代表生命的短暂，时光流逝的惆怅。（出示投影）诗人由花落而感叹人生的无常，这是中国古代诗歌的一个典型主题，如李煜《浪淘沙》中的“流水落花春去也，天上人间”。你从“花落去”中读到了怎样的信息？

回答要点：春意衰残。

时光流逝。

旧友离别。

人事无常。

学生7：我喜欢第一首。“寂寞梧桐深院锁清秋”，“寂寞”一词，让我联想到词人俯视庭院，茂密的梧桐叶已被无情的秋风扫荡殆尽，只剩下光秃秃的树干和几片残叶在秋风中瑟缩，那情景实在让人伤心。

教师：“梧桐”一词在古典诗词中是凄凉、悲伤的象征（出示投影），李清照的“梧桐更兼细雨，到黄昏、点点滴滴。这次第，怎一个愁字了得”是写景的佳句；元人徐再思的“一声梧叶一声秋，一点芭蕉一点愁”，以梧桐叶落和雨打芭蕉写尽愁思。秋天又是个萧条悲凉的季节，秋景所引起的是一种凄切、悲伤的情绪，处在这样秋色深锁的梧桐深院中，一般人也会产生凄寒、孤寂之感，何况李后主已由君主沦为囚徒，所居之地却是“寂寞梧桐深院”，陪伴他的也只有“月如钩”，其内心的愁恨可想而知！词人不禁“寂寞”情生。然而，“寂寞”的是梧桐吗？锁住的是清秋吗？

回答要点：“寂寞”，并非梧桐寂寞，而是人；“锁”，被锁者并非清秋，而是落魄的人，孤寂的心、思乡的情、亡国的恨。

教师：此景此情，用一个“愁”字是说不完的。被锁深院中的人，悲愁无尽，只有清冷的秋天相对，怎会不感到寂寞？“锁”字一语双关，字面上是院门紧锁，暗点了词人被囚禁的遭遇，表达了词人孤独寂寞之情。请男生把李煜此刻的心情读出来。

学生 8：打动我的是第二首。“无可奈何花落去”中“无可奈何”一词，想要挽留时光，想要春花不谢，可是毫无办法，现实和内心的矛盾使词人只能长叹一声。

教师：人是无法左右自然规律的：花的凋落、春的消逝、时光的流逝，都是不可抗拒的自然规律，词人虽然惋惜流连却也无济于事，所以说“无可奈何”。

学生 9：打动我的是第一首。“剪不断，理还乱，是离愁”，用丝喻愁，新颖而别致。词人借助鲜明生动的艺术形象来表现离愁，写愁之深。

教师：前人以“丝”谐音“思”，用来比喻思念。如李商隐“春蚕到死丝方尽，蜡炬成灰泪始干”（《无题》）就是大家熟悉的名句。李煜用“丝”来比喻“离愁”，别有一番新意。写愁之深，如李白

《远离别》:“海水直下万里深，谁人不言此离苦”；写愁之长，如李白《秋浦歌》:“白发三千丈，缘愁似个长”；写愁之重，如李清照《武陵春》:“只恐双溪舴艋舟，载不动许多愁”。然而丝长可以剪断，丝乱可以整理，此时的李煜已是亡国奴、阶下囚，荣华富贵已成过眼烟云，故国家园亦是不堪回首，帝王江山毁于一旦。阅历了人间冷暖、世态炎凉，经受了国破家亡的痛苦折磨，这诸多的愁苦悲恨哽咽于词人的心头难以排遣。词人尝尽了愁的滋味，而这滋味，是难以言喻的，只能一词概括——“别是一般”，有哪些滋味?

回答要点：亡国之君的孤独寂寞。

囚禁生活的愁苦。

备受屈辱的悲哀。

过去生活的悔恨。

教师：一句话：亡国哀思。那为什么说是“别是”？

回答要点：昔日唯我独尊的天子，如今成了阶下囚徒，备受屈辱，遍历愁苦，心头淤积的是思？是苦？是悔？还是恨？词人自己也难以说清，常人更是体会不到。若是常人，倒可以号啕倾诉，而李煜不能。他是亡国之君，即使有满腹愁苦，也只能“无言独上西楼”，眼望残月如钩、梧桐清秋，将心头的哀愁、悲伤、痛苦、悔恨强压在心底。这种无言的哀伤更胜过痛哭流涕之悲。

教师：这是李煜根植于内心深处一种独特而真切的感受。大家读读，体会一下。

学生 10：打动我的是第二首。“似曾相识燕归来”一句承接“夕阳西下”。然而这暮春天气中，词人所感受到的并不只是无可奈何的凋衰消逝，还有令人欣慰的重现，那翩翩归来的燕子不就像是去年曾此处安巢的旧相识吗?

教师：燕子出现在古诗词中，或渲染离愁，或表现春光的美好，传达惜春之情，如《钱塘湖春行》：“几处早莺争暖树，谁家新燕啄春泥。”本文中的作用是________（学生回答）。

回答要点：惜春。

教师：“无可奈何花落去，似曾相识燕归来”一联工巧而浑成、流利而含蓄，用虚字构成工整的对仗，唱叹传神，表现出词人的巧思深情，这也是这首词出名的原因。但更值得玩味的倒是这一联所含的意蓄。

（男生读上联，女生读下联。）

花落、燕归是眼前景，是自然的规律变化，由这变化，我们有什么启发？

回答要点：一切必然要消逝的美好事物都无法阻止其消逝，于人是无可奈何的。但是消逝的同时仍然有美好事物的再现，那可爱的燕子，不就是去年走了今年又来安家筑巢了？

教师：那么在无可奈何的感情中，还包含着什么情感？

回答要点：惋惜中交织了一种欣慰之感。

教师：大家读读，把这样的感情品味品味。这句词还蕴含着某种生活哲理，大家说一说。

回答要点：生活不会因美好的消逝而变得一片虚无。相信生活中的美好会层出不穷，只不过这种重现不等于美好事物原封不动地重现，它只是“似曾相识”罢了。

学生 11：打动我的是第二首。“小园香径独徘徊”，以景物描写、动作描写来衬托自己的忧思。

教师：同样上一首词也有一个“独上西楼”，此处独自徘徊通过将自然现象与人的感受巧妙结合，表达了词人对人事无常的惆怅，对年华流逝的慨叹，以及对人生的思考，对岁月的珍惜。两个孤独的背影是有不同内涵的。大家读读品品。

比较两首词，通过知人论世而了解背景，通过美读咀嚼深入意境，借助比较得其特色，解读到此我们明白：《相见欢》描写的是寂寞凄清之景，抒发的是极其沉痛的愁苦之情。所以朗读时，节奏要缓慢，调子要低沉，要读出压抑感、悲痛感。而《浣溪沙》则是一个生活中安逸的宰相在流连时产生的一种感慨深微的闲情逸愁。这首词首句叙事，要用较轻松的叙述语调读出来；第二句用沉思的口吻缓缓读出；第三句用疑问语气把留恋期盼之情传达出来；第四句用怀疑思考的语气来读；第六句用低沉缓慢的语调来读。

（学生自由读之后再朗读。）

教师总结：因为身份不同、处境不同，所以愁思的内容不同，愁思的深度更不同。任何一种体裁，文章的标题都是文章的眼睛，透过这双眼睛，可以透视出作者的内心世界，这两首词作者的内心情感都无法用一个词语概括，所以我们发现两者在结构上有共同之处，那就是没有题目。这就是文字的魅力，这就是中国古典诗词的魅力。

四、结束

不同的人格形态决定了不同的情感形态，不仅是一切景语皆情语，而且是一切情语皆人语，所以我们朗读时要把握两位词人创作气质上的差异，现在就让我们在齐读中结束这堂课。